华东师范大学出版社

ZHI CHANG YING YONG WEN DU XIE

职场应用文读写

职业教育公共基础课程教学用书

主　编　张文萍
副主编　段　旭

图书在版编目(CIP)数据

职场应用文读写/张文萍主编. —上海：华东师范大学出版社，2015.4
ISBN 978-7-5675-3487-2

Ⅰ.①职… Ⅱ.①张… Ⅲ.①汉语－应用文－阅读 ②汉语－应用文－写作 Ⅳ.①H152.3

中国版本图书馆 CIP 数据核字(2015)第 094015 号

职场应用文读写

职业教育公共基础课程教学用书

主　　编　张文萍
责任编辑　李　琴
审读编辑　汪建华
封面设计　冯　笑
版式设计　徐颖超

出版发行　华东师范大学出版社
社　　址　上海市中山北路3663号　邮编 200062
网　　址　www.ecnupress.com.cn
电　　话　021-60821666　行政传真 021-62572105
客服电话　021-62865537　门市(邮购)电话 021-62869887
地　　址　上海市中山北路3663号华东师范大学校内先锋路口
网　　店　http://hdsdcbs.tmall.com

印 刷 者　常熟市文化印刷有限公司
开　　本　787毫米×1092毫米　1/16
印　　张　12
字　　数　262千字
版　　次　2016年3月第1版
印　　次　2023年8月第4次
书　　号　ISBN 978-7-5675-3487-2
定　　价　27.00元

出 版 人　王　焰

(如发现本版图书有印订质量问题，请寄回本社客服中心调换或电话021-62865537联系)

出版说明

CHUBANSHUOMING

本书是职业教育教学用书,适用于各专业开展的职业应用文写作的教学。

本书介绍了自荐信、简历、工作计划、工作总结、博客、会议记录、企业简讯、演讲稿、述职报告等23种职场中常用的文种,并根据这些文种在职场中的使用情况,将其划分为职场新人篇和职场进阶篇。

具体栏目设计如下:

情境描摹——【听一听】 由学生熟悉的日常生活场景引入写作主题。

例文举要——【读一读】 提供应用文的示范样本并附有点评,使学生对本文体有初步的了解。

知识概述——【学一学】 呈现本文体的写作要点以及与本文体相关的知识,使学生知道正确的写作方法。

指点迷津——【说一说】 给出一篇例文,让学生说一说这篇例文中存在的问题。

任务引领——【写一写】 让学生根据任务情境,尝试写一则应用文。

学习要点——【想一想】 对每个文种的注意点作出提醒,以减少写作的失误。

熟能生巧——【练一练】 与本任务有关的练习题,巩固所学知识。

本书相关教学资源请至 have.ecnupress.com.cn 中的"资源下载"栏目下载,或与我社客服联系(QQ:800001727)。

华东师范大学出版社

序

XU

为了更好地突出职业学校语文教学特点,有效提高应用文写作的实效性,依据职业学校应用文写作教学要求,我们结合对目前职业学校学生职场所需应用文文种的调研,选择了一些实用性强、使用率较高、与求职就业联系较紧密的文种,编写了这本《职场应用文读写》。其中,包括自荐信、简历、短信、工作计划、工作总结、博客、会议记录、企业简讯、演讲稿、述职报告、调查报告、意向书、策划书、合同、导游服务欢迎(送)词、祝词、产品解说词、餐巾折花解说词、导游介绍词、广播词这 20 个任务。根据职场使用情况,将它们划分为个人发展、职场通用、资深职业人应用、专业进阶四个模块和职场新人篇、职场进阶篇上下两篇。

本书的编写主旨是:深入贯彻党的二十大精神,落实立德树人根本任务。以职业学校学生职业道德、职业素质的养成为核心,立足教学,服务学生。内容融入课程思政内涵,力求突出专业性特点,实用、有效,既是教本也是学本。参编者在前期进行职场调研的基础上,确定编写内容,开展团队合作,集思广益,分期编审,精益求精。

本书拟解决的关键问题及创新之处主要是:

一、突出应用文的职场专业性特点,兼顾通用性,探索职业学校应用文课程"教什么"的问题。

二、关注应用文教学的课堂实施。应用文教学费时费力、效率低的问题一直困扰着一线的老师。本书尝试创新运用情境描摹——【听一听】、例文举要——【读一读】、知识概述——【学一学】、指点迷津——【说一说】、任务引领——【写一写】、学习要点——【想一想】、熟能生巧——【练一练】七步教学法的体例,探索职业学校应用文"怎么教"、"如何学"的问题。

本书由张文萍主编,段旭担任副主编。所有参编人员都是长期从事职业学校语文教学工作的老师。他们是任玉芬(调查报告)、段旭(短信、欢迎词、欢送词、祝词、产品解说词、餐巾折花解说词、导游介绍词)、喻华(述职报告)、张文萍(演讲稿)、刘志民(博客)、丁惠芳(合同)、施昱艳(自荐信、简历)、陈洁(意向书)、史晴(策划书)、陈希(工作计划、工作总结、企业简讯)、张琼(会议记录)、王丹(广播词)。其中有特级教师、骨干教师、高级教师。在此,对他们的辛勤付出表示衷心的感谢。

本书由于编写时间较紧,又受编者水平限制,错误和不当之处在所难免,恳请广大师生和专家给予批评指正。在编写过程中参考了大量书籍、杂志等,恕不一一注释,在此,一并表示诚挚的感谢。

本书编写组

目 录

MULU

上篇：职场新人篇

个人发展模块　　2

任务一　自荐信　　2
任务二　简历　　8
任务三　短信　　14
任务四　工作计划　　20
任务五　工作总结　　26

职场通用模块　　36

任务六　博客　　36
任务七　会议记录　　44
任务八　企业简讯　　49
任务九　演讲稿　　53

下篇：职场进阶篇

资深职业人应用模块　　60

任务十　述职报告　　60
任务十一　调查报告　　68
任务十二　意向书　　76
任务十三　策划书　　81
任务十四　合同　　101

专业进阶模块　　115

任务十五　导游服务欢迎（送）词　　115
任务十六　祝词　　121
任务十七　产品解说词　　127
任务十八　餐巾折花解说词　　131
任务十九　导游介绍词　　135
任务二十　广播词　　141

附录：参考答案　　146

上篇：职场新人篇

个人发展模块

任务一　自荐信

情境描摹——【听一听】

求职无小事,每一关都很重要。而求职关键的第一步应是写好一份有质量、有特色的自荐信(求职信),给招聘人形成良好的第一印象。

《列子·说符》中说:一个人斧子丢了,总怀疑是邻居的儿子偷了去。当他看到邻居的儿子时,发现他说话、走路、表情都像是偷了斧子的样子。后来斧子在山谷里找到了。这时他再去瞧邻居的儿子,发现他言谈举止一点也不像偷了斧子的样子。这种带着主观印象去观察、了解、分析事物时产生认知偏差的现象,我们称之为"亡斧疑邻"效应。

同样,先入为主的印象效应,会直接影响你在求职中对自己的"营销"。因此,这就需要你做好全面的准备,写好一份规范、有质量的自荐信,给招聘人留下良好的第一印象。

例文举要——【读一读】

例文1：

自　荐　信

尊敬的达尔外贸公司领导：

　　您好！

　　感谢您在百忙之中审阅我的求职材料。

　　我应聘贵单位的单证业务员一职。

　　我是上海市光辉职业技术学校外贸专业的一名应届毕业生。本人在校期间,学习上勤奋踏实,成绩良好,基础知识扎实,专业课程成绩过硬,动手实践能力强。

　　学习中我争强好胜,多次获得校奖学金和文娱积极分子等多种荣誉称号。学校运动会领奖台上总有我的身影。（所获荣誉详见我的简历）

　　会竞争也要善合作,谦虚随和是我的另一面。在校期间我曾先后担任班级宣传委员、班级团支部书记、校学生会宣传部副部长,具有较强的组织协调能力和良好的合作精神。

　　暑假期间,我先后到第一八佰伴百货公司、家乐福超市、地中海船运公司等单位实习。尤其是三年级在地中海船运公司的实习中,我学习了外贸单证和船务码头的工作,积累了一定的外贸业务工作经验。

　　我积极参加志愿者活动,如紫罗兰农民工子弟学校支教活动,金桥敬老院的助老活动,徐汇自闭症儿童康复院的爱心陪伴等。奉献社会的同时亦让我更珍惜自我。

总之，勤奋、务实是我的风格；善于学习，乐于奉献与合作是我的风采。如果有幸能够加盟贵单位，我坚信一定能够较快地胜任新工作。

　　随信附上我的简历。如有机会与您面谈，我将十分感谢。即使贵公司认为我还不符合你们的条件，我也将一如既往地关注贵公司的发展，在此，我致以最诚挚的祝愿。

　　此致

敬礼

自荐人：赵明礼
二〇××年六月十日

　　联系方式：上海市浦东新区羽山路××弄×号×××室

　　邮编：200×××

　　电话：139××××7602

点评：

本自荐信格式规范，内容齐全。正文重点写了以下几方面：

首先，介绍了所学专业及在读情况，介绍了自己获得的荣誉，展示了自己的特长和优势。其次，介绍了自己参加社会实践活动的经历。再次，表明了自己求职的态度。最后，用真挚的话语表达了自己的诚意。

注意最后要写明联系方式，以便用人单位联系求职者。

例文2：

自 荐 信

亲爱的史密斯女士：

　　请考虑一下我的职位申请，我的简历附在信后。

　　我是一名电气工程师，在一家高科技企业有十二年的高层管理经验。我对贵公司十分倾慕，对贵公司的产品也很感兴趣。我相信以我的经验，还有我对这一行的了解，我能够成为公司的宝贵财富。

　　我是一名积极的团队活动者并且会坚持不懈努力，集中精力工作。

　　我会很珍惜和您会面的机会，一起来商讨和（公司名）可能的雇佣问题。我拥有大量丰富的本行业经验，我相信，您会觉得我们之间的会面是很有建设性的。

　　希望早日得到您的回复。

您真诚的林海
20××年11月20日

　　联系方式：

　　　手机：136××××6626

　　　地址：上海市普陀区××路×××弄×号×××室

　　　邮编：200×××

　　　宅电：65×××02

点评：

这份自荐信最成功的地方是充分表明了自己的从业经验和能力，语言简洁，个性鲜明，充分展示了自己的自信。

◎ 知识概述——【学一学】

一、什么是自荐信

自荐信也叫求职信，它是求职者以书信形式进行自我举荐、表达求职愿望、陈述求职理由的一种信函。表达求职的愿望，就是指你希望得到什么职位，求职的理由是指你为什么要求这个职位，你有什么样的知识水平、能力、人格魅力等。从求职信的内涵和外延就可看出，其目的是使用人单位对求职者感兴趣，最终达到被录用的目的。

二、自荐信有什么作用

自荐信的作用不妨用两位职场专业人士的话来概括：

"一封没有自荐信的简历，就像一位没有开口说话的销售员站在你的门前。如果你想让一位陌生人走进你的屋子，你至少要看一看他的证件。这正是自荐信所要做的——它把你，一位完完全全的陌生人，介绍给招聘者。它必须引人入胜、个性化，而且简短。"

——Barbara B. Vinitsky

"你的自荐信可用来突出你简历的某些部分。自荐信的美妙之处就在于，你可以通过强调你最重要的资历、能力，以此来投合收到你简历的每一家特定公司的所好。"

——Adele Lewis

三、自荐信的格式是怎样的

自荐信的格式除首行写明标题"自荐信"或"求职信"外，其余和一般书信相同，即称呼、正文、结尾、落款。开头的称呼一般应写明用人单位的人事部门领导，如："××单位人力资源部领导"字样；结尾写上祝愿性的话，并表示热切希望能有一个面试的机会；最后写明自己目前所在的单位、姓名、联系方式和日期。

四、自荐信写些什么内容

自荐信的主要内容应包括自己所具有的用人单位所需的才能，以及自己对工作的态度。具体地讲大致包括：

① 简单的自我介绍，包括姓名、毕业院校及所学专业等。

② 说明自己期望能在该单位任何职。

③ 详述自己对该单位和该职位感兴趣的原因以及自己从事此工作具备哪些资格等。如："我希望有机会在贵单位工作，因为我对贵单位的现代管理方法比较感兴趣。"又如："通过四年市场营销专业的学习，我希望应聘贵公司销售部产品推销员一职，因为这是一个具有开拓性和挑战性的工作。"然后详述自己的资历与职位有什么关系。学历是最重要的因素，要强调你学过与该工作有关的课程、专业方向、优秀的成绩、获得奖学金的次数等，还可以突出你的社会工作能力，并表示愿意接受挑战。成功的自荐信应该表明自己乐意同将来的同事合作，听从该单

位的安排,并愿意为事业奉献自己的聪明才智。

指点迷津——【说一说】

阅读以下这份应聘网络维护工程师的求职者的自荐信,说说哪些地方写得好,哪些地方不符合自荐信的写作要求,还需要作哪些改进。(提示:这段文字存在6个以上的问题)

> 尊敬的先生:
> 　　您好!
> 　　互联网促进了整个世界的发展,比尔·盖茨是我的偶像。我很自信未来我将成为"比尔·盖茨第二"。
> 　　今年7月,我将从光辉职业技术学校毕业。我有网络营销师和三维动画制作师证书。
> 　　在校期间,我多次获得各项奖学金,还参加××市职校系统"星光计划"大赛并获三等奖。我还担任过班长、团支书,具有很强的组织和协调能力,也有很强的事业心和责任感,这使我能够面对任何困难和挑战。
> 　　互联网促进了整个世界的发展,我愿为中国互联网和贵公司的发展作出自己的贡献。期待与您的面谈。
> 　　此致
> 　　　　敬礼!
> 　　　　　　　　　　　　　　　　　　　　　　　　　　　张林

任务引领——【写一写】

上海英博伟业贸易有限公司是一家经营快速消费品(食品、饮料、化妆品)贸易的进出口公司,该公司日前在智联招聘发布了招聘广告。

> **招聘职位一:**
> 前台接待/总机/行政,2名。
> 职位描述:
> ① 负责前台客户接待及引导服务;
> ② 行政工作;
> ③ 大型会议服务工作。
> 任职要求:
> ① 职高/中专应届毕业生;
> ② 有良好形象气质,语言表达能力强,普通话标准,口齿清晰,有亲和力;
> ③ 工作细心认真,具备敬业精神;
> ④ 具有较强的服务意识和较高的职业道德与素养。

招聘职位二：
销售代表/销售主管，5 名。
任职要求：
① 热情、开朗、大方，具有很好的交际、沟通能力；
② 工作态度端正，能吃苦耐劳，有责任心、上进心，敢于挑战高压、高薪；
③ 热爱销售工作，能承受销售的工作压力；
④ 有团队精神，服从公司的任务安排。

招聘职位三：
网页设计/制作/美工，1 名。
职位描述：
负责本公司网站的网页设计或本公司在天猫商城中店铺页面的设计。
任职要求：
① 精通 Photoshop、Flash、Dreamweaver 等网页设计软件；
② 高等艺术院校设计专业专科以上学历，有良好美术功底，热爱设计，关注时尚，注重自我个人形象；
③ 有电子商务公司设计岗位从业经验者优先考虑；
④ 具有强烈的工作责任心和激情，富有创意。
我们诚邀行业设计精英的加盟，待遇从优。
（备注：面试时，请务必附带您认为最优秀的作品）

任务一：通读以上招聘信息，结合自己的求职意向，确定一个应聘职位。
我的应聘职位是：_____
任务二：罗列自己的应聘条件，尤其是自己的特长和优势。
我符合应聘的条件有：_____
_____
我的特长和优势有：_____
_____

任务三：拟写一份格式规范、内容充实又有个性的求职自荐信。

学习要点——【想一想】

要写好自荐信，还需要注意些什么？

一、长短要得体

自荐信要写得言简意赅，不能冗长。长度一般控制在一页 A4 纸以内，不超过两页。

二、开头语要有吸引力

自荐信要有吸引对方的开头语，力争在 5 秒钟之内抓住对方的注意力。不醒目或过于烦琐的开头语会使对方感到厌烦。

三、内容具体、紧扣主题

自荐信的取材一定要服从和服务于主题,且重点突出。表现自己个性、吸引对方、打动对方的内容要详写,而且要写得有自己的风格,与众不同。

四、语言恰当,态度诚恳

要自信不自傲,切忌空话、套话连篇,过于自负;要不卑不亢,告诉别人你能胜任这份工作;要谦虚,但不要自我否定;要实事求是,恰如其分地表现自己。

五、包装得体

自荐信在求职过程中作用重大,因此从形式到内容都要给人以美感。信的写作应文字流畅、字迹优美、设计合理;信纸、信封也应选用美观、大方的,注意书写格式。

六、不谈薪酬

关于薪酬问题不要在信中提及,可以留在面试的时候讨论。

七、注意格式排版

① 注意保留适当的行距;
② 用 11~12 号字体(小四号),太小或太大的字体都易给人不美观的印象;
③ 用标准的浅色或白色 A4 纸打印,注意选用较好质量的纸张;
④ 四周注意最少留 3.1~3.2 厘米的边距,以便给人作批示。

八、确保内容准确

确保自荐信经过校对、改错,反复检查联系人名字和公司名字。

熟能生巧——【练一练】

一、填空题

1. 自荐信也叫＿＿＿＿信,它是求职者以＿＿＿＿形式进行自我举荐,表达＿＿＿＿的愿望,陈述＿＿＿＿的一种信函。
2. 自荐信格式一般包括＿＿＿＿、＿＿＿＿、正文、＿＿＿＿、落款五部分。

二、问答题

自荐信的主要内容大致包括哪三个方面?

三、写作题

1. 4~5 人组成一组。假设你们都是上海英博伟业贸易有限公司人力资源部的工作人员,根据本公司招聘的职位需求,请你们逐一仔细阅读和比较 5 名"求职者"的求职自荐信(【写一写】部分"任务三"的写作结果),讨论作为招聘单位,哪一封自荐信更符合要求且更加富有吸引力,能得到你们的认可。

2. 修改自己的自荐信。

任务二　简历

 情境描摹——【听一听】

一著名企业欲招聘一名营销人员,待遇从优。竞聘者如潮,其中不乏名牌大学毕业生、身手不凡的"跳槽英雄",然而最终被录用的却是一名高职应届毕业、其貌不扬的李同学。

人事经理说,李同学简历中的社会实践(工作经历)一栏吸引并打动了他。我们来看看李同学的这部分简历。

……

社会实践：

1. 大一上学期,交 50 元中介费找到一份家教工作,任教一月,因家长过分挑剔,主动辞职,损失合计 150 元。后通过在学校附近小区张贴广告和同学介绍方式找到三份家教工作。

2. 大二开始担任光明奶业公司学校代理,其间,组织 10 人送奶至寝室,自己分担两幢 7 层楼送奶任务,每日凌晨 5 时开工。第一个月因账目出现纰漏,损失 700 元,现业务稳定,每月赚 600 元左右。

3. 大二结束,暑假期间参加学校"不带一分钱生存一周"活动,通过给餐馆打工成功生存。

4. 大三开始给同学提供代买业务,赚取跑腿费,每月基本收入 300 元。

5. 大三暑期在联合利华实习两个月,担任营销专员,负责和各大卖场联系并推销个人卫浴清洁用品业务。

6. 大四在广告公司实习半年,学习平面广告设计。

……

这份简历最大的特点是实在、不空洞。李同学以真实坦诚的心态记录了他的履历。在他的社会实践经历中,可以看出他吃苦耐劳、脚踏实地、不好高骛远的特点。而且他既有个人创业,又有在大公司实习的经历。这些都给招聘单位留下了良好印象,最终他竞聘成功。

例文举要——【读一读】

表格式例文：

个人简历

姓名	王××	性别	男	民族	汉	
专业名称	机电技术应用		出生年月	××年×月	贴相片处
政治面貌	团员	学历	中专	身高(cm)	175	

(续表)

通讯地址	××市××区××路××弄××号××室		邮政编码	200×××
联系电话	(宅电)6350×××× (手机)136×××6257	E-mail	×××@××.com	
个人简历	2012年9月至今:就读于××区××职业技术学校,学习期间一直担任班级团支书的职位			
技能证书	线切割中级、计算机中级、维修电工中级、钳工中级			
获奖情况	2012~2013学年:"品德优良奖"、"电子技能竞赛"第一名; 2013~2014学年:"优秀团干部"、"电子技能竞赛"第二名、"PLC技能竞赛"第一名; 2014~2015学年:"优秀学生会干部"、"××市电工电子(电子装配)技能竞赛"第三名			
爱好特长	本人动手能力强,能对老师和师兄的示范操作进行快速记忆。本人交际能力强,有合作精神,有很好的自知自省能力,乐于接受别人的批评。 本人爱好羽毛球、篮球等合作性和对抗性强的运动,身体协调性好			
社会实践	2012~2013学年:暑假期间到××轴承厂做暑期工; 2013~2014学年:寒假期间到市场卖花; 2014~2015学年:在××中学进行为期一个月的数控铣床综合实习			
就业意向	电工、制图员、机加工			

点评:
① 个人基本情况用表格方式写明,清楚明了。
② 个人情况、特点以及社会实践经历等语言简洁、重点突出。
③ 就业意向明确。

知识概述——【学一学】

一、什么是简历

个人求职简历亦叫个人求职履历表,主要用来反映求职者个人的身份、学业资历、工作经历等,一般附在求职信的后面,目的是让对方具体地了解自己,帮助求职者获得面谈的机会。

二、简历的内容与格式的要求

求职者书写简历的内容和格式大致有八个方面:
① 名称。在第一行正中书写"履历表"或"个人简历"。
② 个人基本情况。包括:姓名、性别、年龄、婚姻状况等。
③ 简述自己的学习、工作经历。比如,介绍学习期间所修的主要课程及成绩,以及比较有特色的社会实践活动或兼职经历。
④ 重点展现有关自己能力的实证或经历。如:在学校、班级所担任的职务,在校期间获得的各项奖励和荣誉,自己的业余爱好、特长及适宜从事的工作;如果在校期间没有担任过什么

职务,可以写你组织或参加的集体活动。同时,你也可以列出获得的其他资格,如:英语等级考试水平、计算机等级考试水平、汽车驾驶证等,这也是用人单位非常重视的内容。

⑤ 出版作品或成果。对于代表自己能力的有关资料,即个人简历中的"拳头产品",应给予特别叙述。如:所出版的书籍、发表的文章、社会实践的论文、荣获的各项成就、专利、荣誉证书、资格证书等,最好还能附上有关样本的原件或复印件。

⑥ 求职的目标。即工作期望或个人目标。可以谈一下对公司、企业的大致了解,对自己应聘岗位明确的概念和理解,同时也要对自己的专业、性格、兴趣爱好、能力是否与应聘岗位相匹配做一个中肯的自我评价。这样才能真正提高求职应聘的成功率。

⑦ 照片。应该选用最近半年内拍的证件照。

⑧ 写上自己的通讯地址、联系电话、邮编等。(如有手机号码、传真号码、网址等也应附上)

三、撰写个人简历的要求

① 内容要全面,重点要突出。内容全面是指上述几项不应遗漏,重点突出是指彰显你的业绩、特长、经验以及求职目标。

② 文字要准确、简洁,字迹要清楚、工整。

③ 最好用电脑编辑个人简历,并用优质纸打印若干份,大小最好与求职信相同。字迹漂亮的可以直接手写,或许能取得出其不意的效果。

④ 照片贴在简历首页的右上角。

⑤ 掌握一些写作技巧。比如对于学生而言,没什么社会经验,叙述自己的学习经历和成果便显得特别重要。在校时学过的学科应详细说明;在学校期间做的任何工作和社会活动资料可以展现个人兴趣的广度和做事的能力;在校时有什么优异的表现(如:得过演讲比赛冠军、"等级运动员"的称号等),都不妨一一引入;实习和打工经历更是助你成功应聘的宝贵资料,这些都该写清楚、写具体。

四、撰写个人简历的注意事项

1. **篇幅宜短**

简历一般以 1200 字以下为宜,过长会显得内容不精练;太短,则用人单位无法对求职者的资历和能力进行完整、充分的评价,会影响面试机会的获得。

2. **内容真实**

简历最首要、最基本的要求就是真实,使阅读者首先对你产生信任感。求职者不能为了获得面试机会而存有侥幸心理,认为个人简历可以弄虚作假、添油加醋。要知道争取面试机会并非最终目的,最终目的是要获得工作。如果一时造假,一旦被对方识破,既会丢掉工作机会,又会失去信用。因此,写个人简历时,既不能遗漏某一阶段的经历,造成履历不连贯;也不能在学习成绩上弄虚作假,漫无边际地吹牛,要诚实写作。

3. **布局得当**

结构、逻辑、层次要清楚,以便于阅读、理解,避免把所有信息杂糅在一起,否则会让人理不出头绪。

4. **用词准确、恰当**

要少用浮夸的形容词,既不要言过其实,也不要消极地评论自己、妄自菲薄。

5. 求职目标明确

简历中最好能体现出你明确的求职目标。要针对你所申请的空缺职位来写,有的放矢,使招聘人员觉得你的各方面情况与你所应聘职位的任职资格相吻合,与招聘条件相一致。

6. 自己动手

有少数毕业生缺乏自信,找人力资源专业人员替自己写简历,认为这是最上等的简历。其实不然,专业人员写的简历共性丰富而个性不足,而求职者自己写的简历能打动人的地方恰恰在于个性。另外,你一旦获得了面试的机会,当招聘者问及简历中的相关问题时,如果简历不是你亲笔所写的,那么你对其中的有些内容或措辞可能感到陌生,往往会造成失误,导致面试失败。

总之,由于每个人的生活、学习经历不同,个人简历的内容也会有很大的区别,各有取舍,目的就是要更多地表露自己的优势,进而在更大程度上吸引用人单位决策者的注意,获得一份满意的工作。

指点迷津——【说一说】

以下是在"赶集网"上截取的一则简历,说说这则简历有什么问题,有哪几处可以改进。

刘练练(男,22岁)应届毕业生,淘宝职位

- 期望职位:淘宝职位
- 最高学历:本科
- 期望月薪:面议
- 工作年限:应届毕业生
- 期望地区:广州
- 籍贯:江西—吉安

沟通能力强　执行能力强　学习能力强　有亲和力　诚信正直　责任心强　阳光开朗

教育经历

2010年9月至2014年7月|上饶师范学院|本科|地理科学

自我描述

自己有淘宝开店半年的经验……但是做得不够好……店铺地址:http://liange×××.taobao.com

语言技能

普通话:很好
英语:较好

证书奖项

证书名称:大学英语四级|颁发时间:2012年12月|颁发机构:教育部考试中心
证书名称:C1驾照|颁发时间:2013年11月|颁发机构:上饶市交通管理中心
证书名称:全国计算机二级证书|颁发时间:2012年9月|颁发机构:教育部考试中心

 **任务引领——【写一写】**

请针对"任务一"中【写一写】部分的招聘启事,结合自己的求职意向,撰写一份个人简历。(附:简历模板,供参考)

个 人 简 历

求职意向:＿＿＿＿＿＿
个人概况:
姓名:＿＿＿＿＿＿　性别:＿＿＿＿＿＿
出生年月:＿＿＿年＿＿月＿＿日　健康状况:＿＿＿＿＿＿
毕业院校:＿＿＿＿＿＿　专业:＿＿＿＿＿＿
电子邮箱:＿＿＿＿＿＿　联系电话:＿＿＿＿＿＿
通信地址:＿＿＿＿＿＿　邮编:＿＿＿＿＿＿
教育背景:
　　＿＿＿＿年~＿＿＿＿年　＿＿＿＿＿＿学校＿＿＿＿专业(请依个人情况酌情增减)
　(1)主修课程:
＿＿＿＿＿＿＿＿＿＿＿＿＿＿＿＿＿(注:如需要详细成绩单,请联系我)
　(2)英语水平:
　　＊ 基本技能:听、说、读、写能力
　　＊ 标准测试:大学四、六级,TOEFL,GRE……
　(3)计算机水平:
编程、操作应用系统、网络、数据库……(请依个人情况酌情增减)
获奖情况:
＿＿＿＿＿＿、＿＿＿＿＿＿、＿＿＿＿＿＿(请依个人情况酌情增减)
实践与实习:
　　＿＿＿年＿＿月~＿＿＿年＿＿月　＿＿＿＿公司＿＿＿＿工作
　　＿＿＿年＿＿月~＿＿＿年＿＿月　＿＿＿＿公司＿＿＿＿工作(请依个人情况酌情增减)
工作经历:
　　＿＿＿年＿＿月~＿＿＿年＿＿月　＿＿＿＿＿＿＿＿＿＿＿＿＿＿＿＿公司＿＿＿＿工作(请依个人情况酌情增减)
性格特点:
＿＿＿＿＿＿＿＿＿＿＿＿＿＿(请描述出自己的性格、工作态度、自我评价等)
另:
＿＿＿＿＿＿＿＿＿＿＿＿＿＿(如果你还有什么要写上去的,请填写在这里)
　＊附言:＿＿＿＿＿＿＿＿＿＿＿＿＿＿(请写出你的希望或总结此简历的一句精练的话,如:相信您的信任与我的实力将为我们带来共同的成功!希望我能为贵公司贡献自己的力量。

学习要点——【想一想】

个人简历与自荐信(求职信)有什么区别?

有不少同学在毕业求职时,常常用简历来代替求职信,这是一种错误的行为。因为二者其实并不是一回事,简历也不是求职信的演变,二者不能相互替代,其区别主要表现在:

一、书写格式不同

1. 标题不同

求职信的标题用"自荐信"、"求职信"或干脆省略标题,直接用一般书信的形式来行文。简历的标题用"简历"或"个人简历",标题不能省略。

2. 称呼不同

求职信开头要有称呼(不同的收信人在称呼上要有明确的区分);而简历则不必添加称呼,在标题下直截了当地填写个人经历即可。

二、侧重点不同

求职信重在阐述求职的愿望、理由和条件,力求说明自己的成绩是能够胜任某类工作的;而简历则重在展示自己的资历,是对自荐信中提到的求职条件作更为详尽的描述。求职信和个人简历是推荐材料中不可缺少的两个重要组成部分。

求职信在前,简历附后,二者相互补充,才能得到立体展示自己的效果。

熟能生巧——【练一练】

1. 分组,针对【写一写】中所写的简历,分组讨论,互相批改。
2. 修改简历。

任务三　短信

 情境描摹——【听一听】

你是否遇到过这样的情境,有时当你准备与某人联系,但又觉得不方便贸然通电话?这时,手机短信就可以派上用场了。

生活中,使用短信的情况比比皆是。比如跟老师、医生或者领导等在某些不方便接听电话的时段联系事情,宜采用手机短信;有时候,对方可以接电话,但你提出的问题,对方可能不便马上就回答,这时,也宜使用短信;再比如有些内容,说一遍对方不一定记得住,而这些内容也完全能以文字形式留给对方,或者你自己也需要留下文字记录。凡此种种,都可以以手机短信的形式与对方交流。

 例文举要——【读一读】

> 张老师,您好!我是关玲芳。我生病了,明天不能上学了,特向您请假一天,谢谢!后天会把请假条交给您的。

点评:

这是一则学生编写的短信,拟写正确。首先,有问候的话语;其次,短信说明了发信人的姓名,方便对方了解;再次,事由交代清楚,特别是发信人还想到了补办手续,考虑较充分。

◎ **知识概述——【学一学】**

关于手机短信的定义,2009年版《辞海》注释如下:

手机短信:运用手机发送或接收的简短文字信息。

短信息服务:亦称"短消息"。英语缩写SMS(Short Message Service)。通过移动网络用手机等移动终端收发简短文本信息的一种通信服务。采用存储转发模式,由短信息中心将发送方的信息存储并转发给接收方。

从以上解说中,我们可以看出,手机短信(亦称"短信息",或称"短消息"*),它的本质是一种简短的文字信息,因为它通过手机来收发,所以必须讲究简洁。现在,虽说可以通过"飞信"等计算机应用程序,让我们使用键盘经由互联网就可以与手机互通文字信息,但也是有一定的字数限制的。总之,手机短信的特点可以概括为一个字,即"短"。

手机短信的基本结构一般为句子,包括单句和复句,甚至还有独词句。在某种特殊情况下,偶尔使用句群。在本书配套的习题集中,我们编选了在部分节日、生日等场合使用的较为复杂的手机短信样例,供同学们参考。除了主体内容之外,与并不是特别熟(即对方不一定能通过手机号判断你是谁)的人联络时,在短信中也有必要留下发信者的姓名等相关信息。

---

* 编者注:"短消息"与"短信息服务"还不是同一个概念。

手机短信的内容可以涉及工作、学习和生活的方方面面,关键是要与身份、场合、时间等吻合,比如节日的喜庆、生日的祝福、病痛的关切等等。

❓ 指点迷津——【说一说】

我们天天用手机,经常发短信,有人可能认为手机短信不用学,"地球人都会"。而我们天天讲话,是不是都讲得很规范得体呢? 我们天天待人接物,但是不是在礼仪方面都做得很好呢? 对于手机短信,我们要防止积非成是。常言道"画鬼容易画人难",天天见到的东西,不等于就没有研究的必要。

下面是除夕夜一些同学给老师发的拜年短信,看看是否合适。如果有不合适之处,那么应怎样修改呢?

> ① 老师给你拜个年,祝你在大年三十过得快乐!
> ② 祝老师全家新年快乐,身体健康,万事如意。——唐××
> ③ 老师祝您新年快乐,和家美满。
> ④ 在新年的钟声即将敲响之际,学生刘××在这里祝老师:新年快乐!
> ⑤ 亲爱的老师:烟花灿灿,爆竹声声,在这充满喜庆的日子里,祝福你,新春快乐,蛇年大吉,一年里你辛苦了。您的学生:韩×
> ⑥ 新年快乐,恭喜发财,红包拿来!
> ⑦ 祝老师在新的一年里:事业如日中天,心情阳光灿烂,工资地覆天翻,未来风光无限,快乐游戏人间。您的学生:薛××

✏️ 任务引领——【写一写】

任务一:假定你好久不见的朋友小明将要过生日了,请拟一条祝福短信发给他。

任务二:下面的生日短信存在不当之处,请修改。
① 生快!

---

② 恭喜你又老了一岁! 已慢慢步入"剩女"的队伍中,后面还有很多队伍等你来壮大!

---

③ 小明,生日快乐,祝你年年有今日,岁岁有今朝。

学习要点——【想一想】

编写手机短信,应该注意哪些事项呢?

一、忌内容含糊不清

短信中明明应该说清楚的事,如果你语焉不详,会让收信人无法获得准确的信息。

比如,你到了南京路新世界百货公司,找不到你约好的同学。请你就此事写一条短信。

甲同学写的是:"我到南京路新世界了,但找不到你,你在哪?我在新世界等你。"

当你在南京路新世界百货找不到好友时,收到这条短信时,你会找到方向吗?应该很难找到,因为没有说清楚是新世界百货的哪个位置。

乙同学写的是:"你在哪?我在新世界大门口,你来门口找我。"

这条短信比上一条清楚了一点,但还是不够具体,因为新世界百货的大门不止一两个,应该更具体一点,比如"东南大门口"或者"与××百货相对的大门口"。

二、忌说话啰啰唆唆

我们编辑手机短信时,要学习以前写电报的优良传统,能用简洁的话说清楚的事,决不拖泥带水。

比如,今天上学,出现了严重堵车,请你向班主任发一条短信说明情况。

甲同学写的是:"老师啊,我迟到啦,我今天起得很早,就是为了早点去学校与同学们一起复习功课,但是人算不如天算,我堵车了,现在正在××路上,车子正以每小时10米的速度向学校飞驰而来,我尽量催司机快些。"

这条短信太啰嗦,告诉老师堵车的情况就可以了,其他内容完全没有必要写。"飞驰"一词用在此处不太合适。

乙同学写的是:"老师,非常不好意思,路上堵车了,会晚到学校,希望老师谅解。学生:王××,20××年4月5日。"

这条短信最后的日期画蛇添足了。注意:短信与书信不同。

丙同学是这样写的:"亲爱的黄老师,今天全人类异常热情高涨,异常激动,造成上学途中严重堵车,请老师耐心等待,我会战胜归来!"

这则短信内容夸张,这里叙述事实就够了。

丁同学写的是:"老师,人太多,车太多,床起的再早也枉然。"

应告诉老师不能按时赶到学校的客观情况,而不是发牢骚。另外,"起的再早"应改为"起得再早"。

从以上实例可以看出,与主题无关的内容都不适合写在手机短信中。同班陈同学写的"老师,堵车了,我可能晚点到校,陈××。"这条短信主旨清晰,简单明了。

三、忌变成垃圾信息

我们的手机经常收到一些不明不白的广告短信,你看过之后,一定对这些垃圾信息没有多少好感。对于一条短信,如果你根本不知道是什么人给你发的,该短信的价值不管怎么说都会大打折扣。而在实际生活中,如果对方并不清楚发信人的有关信息,在这种情况下,发信人就有必要向对方交代这些信息。

请看实例:教师节到了,下面是几则同学给以前的老师发的祝福短信。

① 学而不厌,诲人不倦,桃李芬芳,其乐亦融融,祝您教师节快乐！我不是您最优秀的学生,但您却是我最尊敬的老师！愿您永远年轻

② 老师:今天是教师节,一定要开心哦。

③ 忘不了,您在三尺讲台辛勤耕耘的身影;忘不了,您在课堂上孜孜不倦的叮咛;忘不了,您在教室里神采飞扬的激情。吴老师,我在光辉职校一切都好,非常想念您,祝您节日快乐!

例①内容很好,可惜忘了署名——老师的学生一茬接一茬,写上署名可方便老师回忆起你是谁;此外,最后应加上感叹号。例②也没有留下姓名,且语言与节日的气氛不大相称,像是在宽慰人。例③内容非常精彩,可惜也忘了署名。

一般跟好友发短信时可以不注明姓名,但过年过节的祝福短信,由于发的或转发的人很多,对方很可能根本不关注发信者是何人,因此应在短信中附上发短信人的姓名。

四、忌语言缺乏礼貌

手机短信的语言虽然简短,但也应该尽量避免语气生硬。

比如,你正在开会时,恰巧有人打进电话,你不得不先挂断电话,现在请你给对方回一条短信。

甲写道:"开会呢,别吵,等会儿回你。"

这条短信使用"别吵"二字,不太礼貌。

乙写道:"不好意思,我现在有事,麻烦您稍后联系我。"

说"现在有事",不如说"正在开会",前者更像是托词,没有后者诚恳。另外,你有事拒绝了别人,那么最好是你联系对方而不是让对方再联系你。

丙写道:"我在开会！等我会开完了,我会立刻回电话给你的,不要给我打电话了。"

这条短信完全没有注意礼仪。

丁写道:"正在开会,稍后给你回电。"

这条短信简洁明了、礼貌得体,看上去就让人舒服多了。

熟能生巧——【练一练】

一、填空题

1. 手机短信是运用手机发送或接收的简短_____。
2. 编写手机短信一忌_____,二忌说话_____,三忌变成_____信息,四忌语言缺乏_____。

二、判断题

1. 在国庆节,你想约你的同学李明一起去公园玩,请给他写一条短信。以下是几位同学拟写的短信,请你看看,哪几条是正确的？如果不正确,请你说说错在哪里。

（　）① 李明明天国庆节,有空就来公园找我。

（　）② 明早10点世纪公园见哦！

（　）③ 李明,国庆节一起出来玩吧,地点是长风公园。

(　　)④ 李明,我们国庆节一起出去玩吧,明天上午10点复兴公园1号门见!

2. 今天有一位同学过生日要请你吃饭,你要给妈妈发一条短信告诉她。以下是几位同学拟写的短信,请你看看,哪几条是正确的?如果不正确,请你说说错在哪里。

(　　)① 妈,今天同学生日,晚点回来。

(　　)② 妈,今天同学过生日,请你吃饭,你来吗?

(　　)③ 晚上吃饭去。

(　　)④ 妈,今天同学生日,晚饭不回家吃了。

(　　)⑤ 妈,今晚同学生日,请吃晚饭,今天就别烧我的饭了,我会尽早回家的,勿念。

3. 你不知道今天的语文作业是什么,于是发短信问语文课代表。以下是几位同学拟写的短信,请你看看,哪几条是正确的?如果不正确,请你指出问题所在。

(　　)① 尊敬的语文课代表!请问今天的语文作业是什么!

(　　)② 作业啥?

(　　)③ 语文课代表:不好意思,忘记语文作业是什么了,麻烦你再发给我一次。谢谢。王×× 2015年4月25日

(　　)④ 请问今天语文作业是什么?课代表。

(　　)⑤ 请问今天语文作业是什么?谢谢!

(　　)⑥ 不好意思,打扰了,请问今天语文作业是什么,我不大清楚。能不能告诉我一下?

(　　)⑦ 小柱,我是王××,你现在方便把今天的语文作业告诉我一下吗?我今天去了体育馆训练,回来时黑板已经擦了,所以不知道,谢谢,麻烦你了!

4. 班级团支部打算周日到敬老院参加志愿者活动,班团支部书记王亮发短信提醒全班团员。以下是几位同学编写的短信,请你看看,哪几条是正确的?如果不正确,请你指出问题所在。

(　　)① 周日我班到敬老院参加志愿者活动。

(　　)② 各位同学们好,周日一起参加这次活动。

(　　)③ 王亮:周日班级团支部打算到敬老院参加志愿者活动,再次提醒全班团员不要忘记,不要迟到。方××

(　　)④ 请去敬老院参加志愿者活动的同学勿必准时出席。王亮 2015年4月5日

(　　)⑤ 同学们,周日我们要去敬老院参加志愿者活动,下午1点,请务缺席。

(　　)⑥ 各位亲爱的团支部成员们:我是班团支部书记王亮,请各位班级团支部成员务忘周日到敬老院参加志愿者活动。王亮。

(　　)⑦ 本周日班团支部全体团员到敬老院参加志愿者活动,早上8:00在校门口集合。请准时到校。王亮

5. 今天放学后,你要参加文学社的活动,回家会晚一些,你要给妈妈发一条短信告诉她。以下是几位同学编写的短信,请你看看,哪几条是正确的?如果不正确,请你指出问题所在。

(　　)① 老妈:学校有事,晚回家,莫担心。女儿王×× 2015年5月4日

(　　)② 晚归。

(　　)③ 妈妈,今天文学社有活动,要晚一点回家,不用准备我的晚饭了。

三、改错题

1. 你第一次到苏州舅舅家玩,你在上车之前要给舅舅发一条短信告之。下面是一名学生

拟写的短信：
　　舅舅，我以经出发，第一次来，好好招待，不要客气！方×× ××××年×月×日

　　2. 团总支组织各班团支部代表到紫罗兰希望学校参加志愿者活动，你和同学们在公交车上，带队老师发短信询问你的情况，现在你要写一条回复短信。下面是一名学生拟写的短信：
　　我是××班的团支书韦××，现在我们班全体同学在110路公交车上，大概还有半个小时到紫罗兰希望学校。车上人挤，到了以后在找您。

　　3. 团总支组织各班团支部代表到紫罗兰希望学校参加志愿者活动之后，你回到家中，要给带队老师发一条短信告知。下面是一名学生拟写的短信：
　　老师，我刚到家，今天在紫罗兰希望学校一切成功，老人们也都被我们逗得乐呵呵的。

　　4. 校团委组织到紫罗兰希望学校参加志愿者活动之后，根据团委宣传报道要求，各班团支部代表要把心得写成短信发给校团委书记进行汇总。下面是一名学生拟写的短信：
　　尊敬的团委书记！我们这次的任务完成！在紫罗兰学校里，获得了很多，请您放心！

任务四 工作计划

 情境描摹——【听一听】

古人云:"用兵之道,以计为首。"其实,无论是单位还是个人,无论办什么事情,事先都应有打算和安排。有了计划,工作就有了明确的目标和具体的步骤,就可以协调大家的行动,增强工作的主动性,减少盲目性,使工作有条不紊地进行。同时,计划本身又是对工作进度和质量的考核标准,对大家有较强的约束和督促作用。所以计划对工作既有指导作用,又有推动作用,制订工作计划是建立正常的工作秩序、提高工作效率的重要手段。

 例文举要——【读一读】

个人课外阅读计划

为了进一步丰富自己的知识,提高阅读能力,培养自己"多读书、读好书"的良好阅读习惯,确立自己正确的人生观,根据《语文课程标准》的要求和建议,特制订个人课外阅读计划。

一、阅读任务

1. 必读书目:《西游记》、《水浒传》、《朝花夕拾》、《骆驼祥子》、《繁星·春水》、《童年》、《鲁宾逊漂流记》、《钢铁是怎样炼成的》、《格列佛游记》、《名人传》等。

2. 选读书目:《红楼梦》、《三国演义》、《伊索寓言》、《克雷洛夫寓言》等10部中外名著。

3. 时文报刊:《读者》、《青年文摘》、《中国青年报》等。

二、实施措施

1. 阅读时间:坚持每天抽出30分钟~1小时阅读课外书籍。每周完成中国古典名著10回(章)或相当于10回(章)的阅读量。

2. 阅读方法。

(1) 摘抄:摘录词语、好句和精彩片段,并做笔记或卡片。

(2) 内容概括:每周概括一次一周的阅读内容,不少于500字。

(3) 点评:每月写一篇点评,或分析人物形象,或总结人物性格,或对事件点评,或对写法作探究,或写读后感,都要围绕一个中心写,力求有自己的见解,不少于600字。

3. 在阅读时,做到阅读名著和时文报刊相结合,不可偏废。

三、预期效果

1. 将初中阶段所写的读书"点评"集结成册,编辑一本"课外阅读点滴"。

2. 争取在正规报刊上发表相关内容的作文3~6篇。

×××
20××年9月1日

点评：

此文格式规范，正文条理清楚，目标任务明确，计划切实可行，语言简洁明了，实际操作性强。

知识概述——【学一学】

工作计划就是对即将开展的工作的设想和安排，如：提出任务、指标、完成时间、步骤、方法等。

计划的种类较多。按内容分，有全面的综合性计划（如：社会发展计划、国民经济计划等）；有单项计划（如：生产计划、学习计划等）。按覆盖的范围分，有国家的、地区的、系统的、部门的、单位的、个人的计划等。按针对的时间分，有多年性的，一般又称为规划；有近期的（如：年度、季度、月份的计划等）。按计划的详细程度分，有计划要点、简要计划和详细计划。

计划这一文体结构通常由标题、正文、落款三部分构成。

一、标题

计划的标题应包括制发单位、时间限定语、事由和文种类别（计划）四部分，一般四者要齐全。事由要标明是"工作计划"，还是"生产计划"或其他计划；时间限定语是计划适用的时限范围。有时制订者认为计划的执行范围仅在本单位且已很明显，因此在标题中将制发单位省略，但比较规范的计划仍要标明制发单位。

二、正文

计划的正文，一般先扼要说明制订该计划的缘由、根据，对完成任务的主客观条件作些分析，说明完成该计划的必要性与可能性。其次是计划的具体内容，即在多长时间完成哪些任务，并设计完成任务的步骤和方法等。最后是结尾语，提出重点或强调有关事项，做出简短号召。简单地说，计划的正文部分一般就是按照"为什么要制订计划——做什么——做到什么程度——怎样做"这一程序来写的。

三、落款（签署制发单位、日期）

高级机关制订的计划，也有在正文后不另署制发单位和制发日期的，此时制发单位名称应于标题注明，制发日期往往在标题下括号内注明。计划的正文通常采用分条列述式，结尾语视情况决定其长短与去留。事先认真调查研究，具体内容切实可行是计划写作的要点。

指点迷津——【说一说】

××中学新苗文学社计划

为全面贯彻教育方针，落实学校关于大力开展课外学科小组活动的意见，我社制订活动计划如下：

① 本学期举办文学作品欣赏两次、写作技法讲座两次（由语文组辅导老师负责）、

读书札记交流一次。

②组织一次秋游、一次外出采访活动。

③本社成员每周练笔不少于两篇,从中选出优秀习作向省市报刊推荐;一学期发表的习作不少于五篇。

④积极参加省市级作文竞赛、演讲比赛、读书活动竞赛,力争拿到名次。

⑤与兄弟学校文学社团加强联系,10月份组织部分社员外出取经。

⑥学期结束,评选优秀社员,做好补充新社员工作。

20××年9月

请思考这份计划有哪些不当之处。

任务引领——【写一写】

任务一:阅读下文,完成文后练习。

繁昌职教中心20××春计(1)NIT学习小组本学期学习计划

学习本学期开考的Word、Excel两门课程。

①辅导课与小组集体学习不得无故缺席;

②按时完成作业;

③抓紧时间,读完辅导教师指定的参考书;

④聘请郑启宏、孔祥仪二位为辅导教师;

⑤每星期三、五晚上七点至九点上辅导课,每星期日下午两点至五点小组集体学习。

望本组成员抱着对自己负责的态度,严格要求自己,严格执行本计划。

20××春计(1)NIT学习小组
20××年3月5日

该份计划的正文部分缺少制订计划的缘由,即计划的开头语部分,请试着为该份计划撰写正文的第一段落。

任务二：阅读下文，完成文后练习。

××市××区20××年春季全民义务植树造林计划（草案）

根据全国人民代表大会通过的《关于开展全民义务植树运动的决议》和市政府《关于立即动员群众开展义务造林活动的通知》，我区准备于2015年春季开展大规模的全民义务植树造林活动，希望我区广大人民群众立即行动起来，积极响应党和政府的号召，人人争当义务植树的好公民，个个为绿化祖国贡献力量。

一、任务和要求

1. 我区今年春季计划造林×××亩，植树×××株。要求每人平均3～5株，栽下后要有人管理，保证成活。植树宜在路边、沟旁、荒山坡进行。具体植树造林地点由区绿化办公室布置。植树要在植树节（3月12日）前基本完成。

2. 成立区全民义务植树造林指挥部，以协调和指导全区义务植树造林活动。

3. 今春植树造林活动要求如下：

（1）各机关、团体的领导要带头，并指定专人负责此项工作。

（2）区绿化办公室具体负责此项活动，划定各机关、团体负责植树造林的地区或地段，分片包干。

（3）区属各苗圃要及时做好挖苗备运工作和树苗的供应工作。

（4）定3月4日为全民义务植树造林宣传日，区绿化办公室要会同区市容办公室、区园林局做好宣传日的布置工作。

二、方法和措施

重点研究植树造林的各项准备工作，采取必要措施予以落实。

××市××区人民政府
二〇××年一月十三日

该份计划中的"方法和措施"写得过于笼统，请根据"任务和要求"试着改写具体的方法和措施。

_____
_____
_____
_____

学习要点——【想一想】

计划的格式到底是怎样的呢？

① 标题：单位名称、时限、主要内容、文种
② 正文：前言（为什么制订）目的、依据
　　　　　总任务、总目标

> 目标、任务（做什么）
> 计划事项及要求（做到什么程度）
> 措施办法（怎样做）
> 突出重点、难点
> 结尾——强调有关事项，发出简短号召
> ③ 落款：单位或个人名称、时间

熟能生巧——【练一练】

假如你是班长，你在 4 月 22 日接到团委一则通知，为了完成通知中的任务，请根据该通知制订一份活动计划。

通知如下：

关于举办"五四"爱国歌曲大合唱比赛的通知

各班级：

  为活跃校园文化生活，进一步推进"学规范，促养成，树形象"主题教育活动，培育广大师生的爱国主义和集体主义情操，经学校研究决定举办"五四"爱国歌曲大合唱比赛。现将有关事项通知如下：

  一、参赛形式

以班级为单位。人数少的班级经团委认可可以联合参赛。

  二、比赛曲目

由团委拟订爱国主义歌曲目录，各班级在其中选择一首。若另选曲目，必须征得政教处或团委同意。

  三、比赛时间

暂定于 5 月 6 日下午 13:30～17:00 进行。

  四、比赛地点

校篮球场。

  五、参赛基本要求

1. 全体在校学生参加；
2. 统一服装；
3. 每个班级确定一名指挥；
4. 规范仪表。

  六、其他要求

1. 各班级在 4 月 27 日前选择好曲目，并将歌曲伴奏和指挥名单报到团委办公室；
2. 各班要精心准备，认真组织排练，确保演出效果。

七、设奖办法

本次比赛设团体奖,一等奖 2 名,二等奖 4 名,三等奖 6 名。

其他未尽事宜,另行通知。

×× 学校团委

20××.4.22

任务五　工作总结

 情境描摹——【听一听】

无论是学习还是工作,通常每个人都会进行阶段性的总结,主要是对已做过的工作、学习进行回顾、分析,并提到理论的高度,肯定已取得的成绩,指出应吸取的教训,以便今后做得更好。

 例文举要——【读一读】

例文1(工业生产专题总结):

> ## ××工业园安全生产工作总结
>
> 　　××年,××部门在××市委、市政府的正确领导及安监部门的指导下,以省政府办公厅《关于切实抓好当前安全生产工作的紧急通知》为指导,学习贯彻党的十七大精神,牢固树立科学发展观,坚持安全发展指导原则和"安全第一、预防为主、综合治理"方针,积极落实2014年全省安全生产工作会议各项部署,进一步加大安全监管力度,紧紧围绕和服务于我市"加快发展、科学发展、又好又快发展"的总体取向,认真开展安全生产工作。现将一年来的安全工作总结如下:
> 　　一、高度重视,精心组织,切实加强安全生产工作组织领导
> 　　2014年,工业园认真贯彻上级安全生产工作要求,坚持"安全第一、预防为主、综合治理"的方针,精心组织,科学规划,统筹兼顾,制订了切实可行的安全生产工作计划。从维护人民群众生命财产安全的高度,充分认识加强安全生产工作的重要性和紧迫性,正确理解安全生产与经济发展的辩证关系,把安全生产作为一项长期艰巨的重要任务,真正做到警钟长鸣,常抓不懈。管委会把安全生产工作真正摆上重要议事日程,全面落实安全生产目标管理责任制,狠抓安全生产各项制度措施的落实,切实做到安全生产工作层层落实,责任到人。
> 　　二、增强举措,强化管理,抓好事故隐患排查工作
> 　　管委会始终抓住排除隐患、防范事故的工作重点,主要开展了以下工作:
> 　　1. 按照相关规定,进一步落实企业主体责任,各企业建立、健全了安全生产管理机构,落实了安全生产岗位责任制。
> 　　2. 配合市安全生产部门,进一步深化专项整治,相关企业开展了危险品、易爆物品生产经营安全整治,公众聚集场所消防安全整治和建筑施工及公用设施安全整治工作。
> 　　3. 建立了管委会和各企业隐患排查治理长效工作机制,明确了建立管委会与企业的主体责任,不定期开展隐患自查自纠工作。
> 　　4. 坚持综合治理,加大安全投入和适用新技术推广力度,加强安全生产应急救援体系建设。

三、加强宣传培训，努力增强安全意识

管委会积极配合上级有关文件和会议精神，高度重视安全生产宣传教育工作，切实做好安全生产宣传培训工作。为提高园区内企业员工安全素质，管委会以"治理隐患、防范事故"为主题，主要从三个方面着手开展安全生产宣传和培训工作：

一是扎实开展安全生产宣传教育，深入宣传安全生产的方针政策和法律法规，普及安全生产基本知识，组织员工学习《中华人民共和国安全生产法》《中华人民共和国消防法》《安全生产违法行为行政处罚办法》等法律法规，着力提高全民安全意识和安全素质。

二是强化安全生产培训工作，不断提高安全管理人员、特殊工种操作人员的持证上岗率。

三是贯彻落实市委、市政府关于安全生产的文件精神，认真开展安全生产大宣教行动。

在市委、市政府的领导下，××工业园管委会2014年的安全生产工作取得了可喜成绩。管委会干部职工的安全生产意识大幅提升，企业的安全生产规章制度进一步完善，安全生产状况进一步改善，安全隐患和生产事故大幅降低，全年无重特大安全生产事故发生，为××工业园区营造了安全的发展环境。

四、完善安全生产管理机制，全面落实安全生产责任制

今年以来，工业园区党委高度重视安全生产工作：一是成立了以工业园主任为核心的安全生产领导小组，进一步明确分工职责，并制定了具体的实施方案，推动安全生产年活动的深入开展。二是制定了全体干部职工挂联企业负责安全生产工作机制，将安全生产监管责任分解到每一干部职工。三是全面落实安全生产责任制，进一步明确了安全生产任务，分解落实了安全生产责任。在此基础上，督促园区企业将安全生产责任层层落实到车间、班组、每一位员工，并先后四次召开企业主要负责人及安全管理人员会议，落实安全生产相关职责与任务，全区已形成较完善的安全生产责任体系。

五、应急管理工作进一步加强

今年以来，为进一步增强企业的事故处置能力，开发区在日常开展安全检查时，有针对性地检查督促各企业（特别是危化、煤炭行业）建立健全应急预案，并定期组织预案演练，在演练中不断增强应急预案的完备性和可操作性。园区内企业的应急救援体系都在逐步建立健全中。

六、及时处理安全生产事故，认真总结事故发生原因及教训，防范类似事故的再次发生

安全生产事故教训是深刻的，事故发生后，管委会及时将事故情况上报有关部门，做好事故善后处理并将事故情况及时通报各企业，分析总结事故发生的原因及教训，同时督促园区各企业深刻吸取事故教训，针对事故发生的原因开展隐患排查，及时发现隐患并落实整改，有效防止了类似事故再次发生。

在上级部门的指导下，2014年园区管委会针对安全生产做了大量的工作，也取得了一些成效，但漏洞依然存在：一是少数企业主的安全生产意识淡薄，不能正确处理安全与生产的关系，只重生产，不顾安全，"三违"现象禁而不止。二是安全教育不到位，没

有针对性,特别是对新进厂职工的安全教育没有认真实行,从业人员防范事故的能力较低。三是一些企业安全管理机构、人员配备还不完善,责任制落实不到位。四是特殊工种、特种岗位无证上岗现象普遍存在,一些职工不按规定佩戴劳动防护用品。五是安全投入不足,没有真正理解安全与效益的关系。这些问题的存在,是安全生产事故发生的必然原因。

针对这些问题,开发区下一步将主要做好以下工作:

1. 进一步完善开发区安全管理规章制度,特别是安全生产责任制度,以制度促管理,以管理促安全。

2. 进一步强化和完善以化工企业为主的重点行业和领域的安全生产监管措施,从根本上解决重点行业安全生产管理中存在的问题,提高整个园区的安全生产环境。

3. 进一步加大安全教育培训力度,切实防止无证上岗、无证操作现象的发生。

4. 加大安全生产经费投入,完善园区安全生产硬件建设,确保安全生产环境进一步提升。

2015 年 12 月 30 日

点评:

这篇例文的开头概述了该工业园区安全生产的工作原则和指导方针;中间又从六个方面具体写明如何落实安全生产的原则和方针,并深刻阐明了这六个方面是融为一体的。全文有观点,有材料,观点鲜明,材料具体,做到了观点与材料的有机统一。这篇例文结构完整,语言简练生动,格式规范,是一篇较典型的专题总结。

例文 2(实习工作总结):

实习工作总结

四个月在律师事务所的文秘实习生活,似弹指一挥间,从刚踏出学校大门时的失落与迷茫,到现在走上工作岗位的从容与坦然。我知道,这又是我人生中的一大挑战,即角色的转换。

我在实习期间,对于任何工作都能做到认真负责,经常受到部门领导的称赞,这除了因为我有较强的适应能力和积极向上的心态以外,更重要的是得益于在校两年半的学习积累和技能培养。

一、学习方面

通过在职校的学习,我的能力明显得到了提高。在实践中,我懂得了运用正确的学习方法,注重独立思考。在今后的工作中我将更加重视自己的学习,把在职校学到的基础知识积极地与实际工作相结合,从而使学习和实践融为一体。在今后的工作当中,我也要进一步充实自己的专业知识,为自己更好地适应工作打下良好基础。

二、思想方面

进入职校以后,我认识到:仅仅学习好是不够的,想要追求上进,思想上的进步也是必不可少的。因此，一年级我就申请入团，时刻以一个团员的标准来要求自己，不断加强团性修养，提高自身的政治素质。

　　三、工作方面

　　职校期间，我担任了两年的学生会文娱委员，积极主动地为同学们服务，对工作热情，任劳任怨，责任心强，具有良好的组织交际能力，也为更好地适应实习打下了良好的基础。通过这次实习，让我学到了很多课堂上学不到的知识，仿佛自己一下子成熟了，懂得了做人做事的道理，也懂得了学习的意义、时间的宝贵、人生的真谛。明白了人的一生不可能都是一帆风顺的道理，我要勇敢地去面对人生中的每个驿站！我清楚地感到了自己肩上的重任，也看清了自己的人生方向。我认识到了文秘工作一定要有仔细认真的工作态度，要有一种平和的心态和不耻下问的精神，多听别人的建议，不要太过急躁，要对自己所做的事情负责，不要轻易地承诺他人，如果承诺了就要努力地去兑现。

　　我知道工作是一项需要自己投入全部热情的事业，并且要有持之以恒的品质和吃苦耐劳的精神。在这段实习期间，我第一次真正地融入了社会，在实践中了解了社会，初步掌握了一些与人交往的技能。实习生活带给我的仅是初步的经验积累，对于迈向社会是远远不够的。"吃的苦中苦，方为人上人"，我要恪守吃苦耐劳的精神。因此，在今后，我会继续努力拼搏，抓住每一个机遇，迎接每一个挑战，相信自己一定会演绎出精彩的一幕。

×××
20××年5月29日

点评：

标题言简意明，交代了总结的具体内容。主体部分紧扣通过实习获得的经验和收获，以总说、分说的结构方式从三个方面展开。结语部分强调了实习给予了课堂中学不到的知识并呼应开头，再次点题，以加深读者印象。

◎ 知识概述——【学一学】

一、什么是总结

　　总结，就是对一个时间段内的个人工作、学习、生产等情况进行一次全面、系统的总检查、总评价、总分析、总研究，分析成绩、不足、经验等。总结是应用写作的一种，是对所做工作的一种理性思考。

　　常用的小结、体会，实际上都是总结，只是它所反映的内容较简单或范围小而已。总结与计划是相辅相成的，要以个人工作计划为依据，制订个人计划总是在个人工作总结经验的基础上进行的。

二、总结的种类

　　按照不同的标准，总结可以分为下列类型：按性质分，有工作总结、生产总结、学习总结和思想总结；按范围分，有单位总结和个人总结；按时间分，有年度总结、季度总结和月份总结；按内容分,有全面总结和专题总结。

三、如何写作总结

总结的格式,一般由标题、正文、落款(具名和日期)三部分组成。

1. 标题

总结的标题应根据总结的目的、要求和具体内容而定,大体上有两类构成形式:一类是公文式标题,由单位名称、时间、事由、文种组成,如:"××村20××年度工作总结"、"××镇20××年党建工作总结",有的只写"工作总结"。另一类是非公文式标题,比较灵活,有的为双行标题,如:"增强体质,全面贯彻执行教育方针——开展多种形式的体育活动";有的为单行标题,如:"推动人才交流,培养人才资源"等。

2. 正文

总结正文的结构由前言、主体、结尾组成。

① 前言。即正文的开头,一般简明扼要地概述基本情况,交代背景,点明主旨或说明成绩,为主体内容的展开做必要的铺垫。

② 主体。这是总结的核心部分,其内容包括做法和体会、成绩和问题、经验和教训等。这一部分要求在全面回顾工作情况的基础上,深刻、透彻地分析取得成绩的原因、条件、做法以及存在问题的根源和教训,揭示工作中带有规律性的东西。回顾要全面,分析要透彻。不同类型的总结,内容有所侧重。全面性总结的主体包括两个层次,即成绩和经验、存在的问题和教训;对于一般的工作总结,重点放在成绩和经验上。

总结正文的结构主要采用逻辑结构形式。全面性总结根据过去一段时间工作中的成绩和问题,或者经验和教训的内在联系去组织材料;专题性总结以经验为中心去组织材料。

③ 结尾。结尾可以概述全文,可以说明好经验带来的效果,可以提出今后的努力方向或改进意见。根据实际需要,有些总结也可以不写结尾。

3. 落款

落款包括具名和日期,如果在标题中已写明单位名称的,那么正文最后只要加上日期即可。

指点迷津——【说一说】

阅读下面这篇总结,对照写作要求说说哪些地方需要修改。

> 从7月7日开始到8月1日,近一个月的时间,我在杭州日报报社记者部做了一名实习记者。7月6日那天我得知消息之后便开始兴奋,后来得知我是和两名大二新闻专业学生竞争,抢到了这个实习岗位时,更加地觉得自豪。那天晚上坐在人民广场,我想,明天我一定要行为得体,注意细节,没有经验不要紧,但一定要让人家觉得我有潜力。
>
> 但是有一句话是怎么说的来着?对了,希望越大,失望越大。第一天实习回来了,怪累的,总的感受只能用三个字来形容:挺无聊。那天早上7:45我就到了,但人家拿工资的8:45才陆陆续续地来。哦,对了,那天是星期一。早上、中午我还忙了一阵,但到了下午就变得十分太平,记者部没有一通电话打入,所以在凉快的屋里,坐在副主任舒

服的椅子上,边和别人发短信,边靠着背椅,从来不午睡的我一下就睡了一个小时。到后来的几天,我早上九点去报社,中午吃好午饭回家,下午两点半上班,傍晚五点准时下班。然后去街上买些东西。如此循环往复一月。

虽说我在报社里的活动粗略来说就是——采访、撰稿、发表……过程挺无聊的,但细数一下,感受还是有一些。

先说点好玩的吧。以前经常听到报社骗人,比如虚假新闻、虚假广告一类的,但很少想过报社也很容易被人骗。今天一早我们就接到一通电话,说人民广场附近有一女孩要从高架桥上向下跳。听到这一消息,记者们兴奋得不行,连忙带了摄像机奔出门去。哎,记者的本性,就是唯恐天下不乱。可不到半小时就回来了。原来他们在桥上转了两圈,也没看到有该女孩的影子。后来又有一通电话说是一河边上有人要跳河,结果大家又是兴奋地出发,失望地归来。

接下来的便稍有些沉重了。今天我一共出去陪同采访了两次,结果两次被拒。第一次是在一家保姆公司,雇主家丢了一台价值四万元的摄影机,但我们刚进那家保姆公司大门,才说明了来意,就被一个中年男子不大礼貌地往外赶,还说:"谁让你们来的!"第二次就更严重了,有一个女孩被骗了钱到公安局报案,我们到公安局了解点情况,竟被民警严厉地拒绝了。我当时很是气愤,出门就对和我一起去的实习生哥哥说:"什么态度啊?又不是曝光!"可他好像很平静,说:"咳,这种事多了,现在这些人想得太多。"

我一直觉得自己待人比较真心,所以至今几乎没有被恶意拒绝过。今天的被拒,虽然有所准备,但当它真正到来时心里还是不大舒服。社会上的人不比身边的熟人和朋友,知道你的真心和好意,所以你的初衷并不一定能被人家理解,你的心意也不一定能取得别人的信任,付出亦未必有回报。这是一个很简单的道理,但我们这些即将要踏入社会的人却不好接受。那位实习生哥哥,虽然他已习惯了被拒,但他坦言,每次被拒的滋味都不好受,到现在还会很郁闷。作为一位新闻记者,尤其是社会新闻记者,看到老百姓因为你帮他们解决了问题而真心感谢你时,你会为自己有能力帮助别人改变现状而高兴;但另一方面,当你一次次被拒之后,你又会感到自己的渺小与单薄。更多的时候,是一种舆论的无助。

×××
××××年8月5日

任务引领——【写一写】

任务一: 下文是某学校网络新闻部的一篇总结,请根据正文内容为该总结编写前言。

网络新闻部工作总结

_____

_____

_____

一、迎新生、军训活动

开学初,我们迎来了2015级的新生们,我们部门主要负责对其进行报道。迎新之后,便迎来了新生军训,由于新干事尚未上岗,我们只能抽空对军训进行记录并及时报道,将新生们在军训期间的优异表现通过网络平台展现给大家。

二、部门招新

9月初,我们进行了部门的招新。我们采用即兴写作、特定拍照、采访主席团成员等方式来考察各位应聘新生的能力。经过初试、复试及筛选工作后,我们部门招进13名新干事,相信他们的加入将会为我们的工作带来新的热情!

三、迎新晚会

迎新晚会向来是一部重头戏。我们部门干事积极参与舞台背景、外场等设计。虽然我们的方案未被录取,但是我们体会到了团队合作的精神。本次晚会,我们接到了设计外场及外场制作的任务,这是我们部门第一次参与外场制作。从不断改进外场设计方案,到通过方案,再到开工制作外场,干事们都积极参与其中,互相合作讨论,通过大家的巧手成功地完成了外场布置。在迎新当晚,我们提前做好准备,让干事们定点进行拍摄,熟悉环境,掌握拍摄技巧。虽然晚会前相机出现了问题,但我们通过努力及时解决了问题。同时也吸取教训,下次会准备好备用的相机。我们还通过DV和相机对迎新晚会进行了全程的拍摄和及时的报道,记录精彩的瞬间。虽然我们很疲惫,但是我们却感受到另一种快乐。

四、运动会

运动会前期,我们向一、二年级各班召集运动会通讯员。由于二年级的积极性不是很高,为此我们还向团学组织提出有关通讯稿加德育分的方案并通过审核予以实施。运动会期间,我们部门干事进行了分工合作:2人进入比赛场地,记录运动员的矫健身影;2人通报比赛时间,以免错过时间;2人负责将稿件送至院新闻工作室;其余的人进行通讯稿的审查和记录。虽然本次活动的稿件数挺多,但是质量却不是很好,播稿数量不多。我们将会吸取教训,在下次的运动会上努力完善工作中的不足之处,努力改进。

五、日常工作

在这忙碌的日子里,我们积极配合各个部门开展的活动有:跟随社工部和心语社去敬老院,为老人们送上节日的祝福,对老人爱心助学开展追踪报道;与生活管理部一同进寝室,记录学生生活情况等等。我们都以负责的态度,对各项活动进行报道。

以上为我们部门这两个月的工作总结,我们在成功中收获了喜悦,同时也深知自身的不足,比如稿件质量、摄影角度、一日一书更新情况等,我们将会不断地改进和完善,尽自己所能将每项任务都做到更好。相信在大家的共同努力、奋斗下,我们将会走向成功!加油吧,网络新闻部的成员们!

20××年×月×日

任务二:下文是某校"学校安全月"的活动总结,请扩充"三、安全活动,扎扎实实"中"1.加大宣传力度,强化师生安全意识"的具体措施。

"学校安全月"活动总结

为进一步贯彻落实上级有关安全的文件精神,按照市教育局和中心校《关于开展"学校安全月"活动的通知》的要求,进一步提高我校广大师生的安全意识,保护学生安全健康的成长,保障学校的正常教学秩序,围绕"安全伴我在校园,我把安全带回家"这一主题,从9月1日至9月30日,我校开展了"学校安全月"活动,现总结如下:

一、统一思想,加强领导

学校安全教育工作关系到千家万户的幸福,关系到人民群众的切身利益,关系到社会稳定的大局。我校对这项工作高度重视,要求站在政治的高度,充分认识安全月活动的重要性,做到认识到位、部署到位、措施到位。我校多次召开学校班子和班主任、任课教师会议,研究并向全校师生广泛进行了宣传,使全校师生进一步提高了安全意识。

二、明确目标,落实责任

我校"安全月"活动总的要求是:通过活动促进广大师生进一步确立安全意识,提高学生在各种危急情况下自救、互救和自我保护的技能,进一步完善学校安全管理制度,经常检查和消除各种安全隐患,为全校学生提供一个安全健康的学习环境。为此,我校进行了责任分解,要求主抓安全的副校长负责学生安全宣传教育工作,后勤人员负责学校安全设施检查及整改工作,教导处负责制订学校安全工作计划和检查落实工作,明确责任,合理分工,认真协调,绷紧"安全"这根弦,使各项安全工作落在了实处。

三、安全活动,扎扎实实

1. 加大宣传力度,强化师生安全意识。

_____
_____
_____

2. 以活动为载体,增强安全教育的效果。

① 进一步加强和改进学校德育工作,使安全教育在细、严、实上下工夫,加大改进措施,突出交通、饮食、用电等方面的安全管理和教育,消除隐患,防范和避免事故的发生。

② 各班建立安全检查小组,由班主任、值日班长组成,负责本班安全知识宣传、常规检查及报告工作。

③ 为了搞好逃生自救演练活动,学校认真制订了"逃生自救演练"活动计划,在全校教师大会上公布并提出了具体要求。××年9月18日下午,学校组织全校师生进行了逃生自救演练活动。在整个演练过程中,全校师生总动员,演练活动按原计划和要求顺利进行,师生行动迅速且井然有序,全校师生从听到紧急疏散哨声至到达校园规定位置,仅用时一分半钟。通过本次演练活动,全校师生提高了安全防范意识,学生的自救求生能力得到了很好的锻炼。

总之,我校将结合学校日常管理和"安全月"的集中教育,注意积累和总结经验,将短期的、有效的应急措施和做法转化为长期的、经常性的工作机制,致力于培养全校师生的安全意识,实现校园的长治久安。

××学校
××××年××月××日

学习要点——【想一想】

要写好总结,还需要注意些什么?

一、总结前要充分占有材料

最好通过不同的形式,听取各方面的意见,了解有关情况,或者把总结的想法、意图提出来,同各方面的干部、群众商量。一定要避免"领导出观点,到群众中找事实"的写法。

二、一定要实事求是

成绩不夸大,缺点不缩小,更不能弄虚作假。这是分析、得出教训的基础。

三、条理要清楚

总结是写给人看的,若条理不清,人们就会看不下去,即使看了也不知其所以然,这样就达不到总结的目的了。

四、要剪裁得体,详略适宜

材料有属于本质的,也有属于现象的;有重要的,也有次要的。写作时要去芜存菁。总结中的问题要有主次、详略之分,该详的要详,该略的要略。

五、先议论,再撰稿

总结的具体写作,可先议论,然后由专人写出初稿,再进行讨论、修改。最好由主要负责人执笔,或亲自主持讨论、起草、修改。

六、语言要准确、简明、生动、严谨

所谓语言准确,就是事实要准确,推理要严密,遣词造句要恰当;用词要准,切忌用模棱两可的词语(如"大概"、"也许"、"差不多"等);要注意准确地选用表示范围、程度和数量的词语(如"少数"、"绝大部分"、"基本上"等)。所谓语言简明,就是要简明扼要,切忌冗长空泛,华而不实。所谓语言生动,就是要运用生动的典型事例,引用群众中生动活泼、带有感情色彩的语言,句式也应错落有致,适当运用排比等修辞方法。所谓语言严谨,就是指真实地反映客观事物,不能言过其实。

熟能生巧——【练一练】

一、填空题

1. 总结就是把一个时间段内的个人工作等情况进行一次全面、系统的_____、_____、_____、总研究,分析成绩、不足、经验等。

2. 总结正文的结构包括_____、_____、_____三部分。

二、写作题

学期快要结束了,请写一份个人学期总结。

职场通用模块

任务六　博客

 情境描摹——【听一听】

"举瓶哥"是谁

最近被网友称为"举瓶哥"的男子在网络上一炮走红。"举瓶哥"原名张立卫，2013年7月26日19时20分，在江西德昌高速公路德兴往南昌方向56公里处，发生了一起车祸。据悉，在车祸发生后，车辆失控倒扣河渠，司机被困性命危在旦夕，民警张立卫在冰冷的水中举着氧气瓶为司机保暖供氧并宽慰。面对记者的采访，他说："当时最直接的想法就是救人，还真的没有去想其他的任何事。"一时间，网友纷纷为他点赞。现在，你只要打开电脑，登录任何一家博客网站，马上就能了解著名的"举瓶哥"事件。

那么，博客到底是什么呢？它为何有如此神奇的传播效应？下面，就让我们来揭开它神秘的面纱。

例文举要——【读一读】

老愚的博客页面：

评析：

上面这篇博客页面的左上角从上往下分列着三行内容，第一行是博主姓名（可以是实名，也可以是网名、昵称），第二行是他的博客地址，第三行是联系栏，排列着"首页"、"博文目录"、"图片"、"关于我"这四项内容（这一行的内容相对固定）。这三行的右面一般是一幅背景画面（由博主根据个人喜好自行挑选设置）。

页面下部由左右两个板块构成。

左面一个板块从上往下分别是个人资料（此项内容可根据博主个人意愿决定个人信息的透明程度）、功能栏目（包括"Qing"，即发布兴趣，并通过兴趣找到朋友的地方）、"微博"、"加好友"、"发纸条"、"写留言"、"加关注"）以及"博客等级"、"博客积分"、"博客访问"、"关注人气"等。再往下还有"精彩图文"、"相关博文"、"博主被推荐的博文"及广告等。

右面一个板块占整个博客页面的绝大部分，而这一部分的空白处，就是博主尽情发挥自己优势、展示自己才艺的绝佳平台。

知识概述——【学一学】

博客(blog)，weblog 的缩写，是一个"简易发表"的 web 站点，它的中文意思就是网络日志。1999 年 8 月，Blogger.com 横空出世，彻底颠覆了互联网世界的传统。从实用的角度来说，博客比静态网站更加吸引人，它会在你每次访问的时候提供可读、可视、可听的新内容，也会使在线联系更加方便和快捷。

首先，用户可以根据博客的定位来选择合适的模板。比如以读书笔记为主的博客可以选择书卷气浓郁的模板，以影视评论为主的博客可以选择某一部影视剧作品的模板，以游记为主的博客可以选择山水风景的模板。

其次，有些博客网站允许用户自己对风格模板进行修改，可以更换背景图、顶图，加播放器设定背景音乐，设置页面各个部分的字体、颜色、字号等。对于熟悉 HTML 语言和 CSS 语言的用户来说，这类博客由于更高程度的自定义化而更能突出个性，因此也更受欢迎。

最后，也是最主要的工作，便是写博客。写个人博客就像写自己的日记，内容没有限制，可以是各种主题、外观布局和写作风格，只是将日记本换成了网站上的博客而已。

博客是一个即时发布渠道，它规避了通过主流媒体发布消息的阻碍，允许你与客户实时联络。它是独一无二的信息收集手段，能把你和正在发生的舆论紧密联系起来。

博客，作为市场营销和公关渠道，就在这个永远在线的系统中逐渐发展壮大。聪明的公司已经看到了这一点。于是，企业博客应运而生了。

从一开始的高度个人化的私人日记，到由公司官方发布各类信息的企业博客，它们之间又有什么区别呢？下面，就让我们来学一学关于企业博客的有关知识吧。

企业博客，顾名思义，就是由企业发布的博客，它可以由企业专门聘请专业的团队负责开通，也可以是公司的 CEO 或其他高管甚至是企业的每一位员工自己打理。

企业博客的卓越之处在于：在面向群体时，它能够以很小的成本和近乎实时的效率完成以前无法完成的很多工作。它包括：

① 发布公司新闻的非正式途径；

② 获取客户反馈和对新产品、服务的建议；

③ 树立公司的专业价值形象和"思想领导者"角色；

④ 作为公司电子杂志和印刷出版物的补充，发布有价值的信息；

⑤ 新的市场营销方式，类似在销售过程中使用的可下载白皮书。

正因为企业博客有如此重要的作用，全球财富 500 强中，有多家企业（诸如 IBM、微软、Sun 等公司）早在 2006 年以前就有了自己的企业博客。例如，通用汽车全球副总裁鲍勃·卢茨在一次到欧洲的商务旅行返途中，给通用汽车的客户们写了一封公开信，谈到他对老化的图形产品的看法。写完信后，他发电子邮件给加里·格雷茨，以及北美区公关总经理，询问："我该怎么处理这封信？"

在此之前，格雷茨和他的团队已经接受了为通用汽车建设一个博客的任务，他很清楚该怎么处理这封信。在巨型公司里，工作流程总是拖沓冗长的，尽管格雷茨的团队已经为完成这个博客设计了漂亮的模板，但还没有任何一篇文章。通用汽车的博客还没有公开发布，只是一个等待填充内容的空壳。

因此格雷茨迅速采取行动。他把卢茨的公开信的内容填到模板里。这宣告了通用汽车 Fastlane 博客的诞生。

从那以后，卢茨和通用汽车的几位其他高管在这个博客上发表了数百篇文章。大约有 10000 名用户进行了回复，表达了他们的赞同、批评、反对或思考。按照卢茨的说法，这个博客在他——乃至这家财富 500 强公司——和顾客之间搭建了一条直达快车道，这是前所未有的沟通渠道。"我很喜欢获得坦诚而直接的反馈，同时我也很喜欢推销我的个人意见。"他在 2005 年 10 月的一个音频博客中这样说。

指点迷津——【说一说】

案例分析：

注：博文标题中"多彩多滋"应为"多彩多姿"，此处可能为博主笔误。

① 你最喜欢这个博客的哪一部分？
② 如果这是你的博客，你打算为这篇博文拟一个怎样的题目？

任务引领——【写一写】

学到这里，你是不是开始对博客感兴趣了呢？是不是有一种跃跃欲试的冲动了呢？让我们马上开始行动。

首先，打开电脑，访问一个类似新浪、腾讯等知名的博客网站，开始注册你的账号（注册完全是免费的）。

注册的步骤如下：

① 开通一个免费账号；
② 命名你的博客(以简单和直接为原则)；
③ 选择你喜欢的模板——有很多现成的模板供你挑选,还可以根据你的需要私人定制。

然后,你只要坐在电脑前敲击键盘,就可以非常轻松地添加链接、上传照片/图片和声音文件了(并不需要你有技术支持和编程知识)。

最后要做的一件事就是撰写你的博客文章了。

任务一：开通你的个人博客,为它命名,并为它选择一个模板,然后,至少为它添加三个以上的相关链接,并分别上传照片/图片和声音文件。

任务二：去网上寻找一个企业博客的页面,分别从博主名称、博文题目等方面分析它的优点和不足之处。

_____
_____

任务三：请就你去过的某个地方,拟一段关于旅游的简短博文。

_____
_____
_____
_____
_____
_____
_____
_____
_____
_____

学习要点——【想一想】

无论是个人博客还是企业博客,博客文章的写作都是最重要的一项内容,也是我们学习的重点,我们将分别从以下三个方面来探讨。

一、博文内容的取舍

博文内容的丰富与多样可以用数不胜数来形容。从国际政治到自家花园里的一条宠物狗,从伊拉克战争到你今天吃了什么好吃的,博客作者可以针对所有事物发表自己的看法。急速膨胀的博客世界几乎囊括了每个能想象到的细微话题：政治、商业、教育、娱乐……尽管如此,还是有一些内容是你不能去写的,例如,违反法律规范和道德伦理的,侵犯他人隐私或商业机密的等等。如果你写完一篇博客文章后,认为它不适合在新闻通讯中出现,就不要点"发布"按钮。总之,对于博文内容的取舍,你要时刻记住这一点：要对自己的言论负责！

二、博文写作的技巧

"跳舞吧,像没有人在看一样。去爱吧,像不曾受过一次伤一样。唱歌吧,像没有人在听一样。工作吧,像不需要钱一样。生活吧,像今天是世界末日一样。"这段引言来自一首美国著名的乡村歌曲,但它同样适用于优秀的博客——写心里的话,敢冒风险,满怀热情,保持诚恳。你要清楚了解你所谈论的话题,同时不惮于读者的批评和建议,这些都会使你的博客成为一个好作品。

具体而言,以下几种技巧是写作博客时需要掌握的:

1. 用你的真心发出你独特的声音

就像上面歌词所说的,去写你自己的所见所闻、所感所想,千万不要人云亦云。经常有不少文章,标题点进去之后要么是一段视频,要么是一段复制过来的新闻,没有任何说明和评论,这样的博文,访客会认为你只知其然而不知其所以然。视频、新闻哪里都可以看,用户到你的博客是为了看你的观点和评论的,所以,一定要有自己的声音。

2. 选择恰当的话题,且不要过于宽泛

热门博客的主题都非常集中,并且都是大众关心的话题。越是特定的话题,效果越理想。例如,如果博客与贷款有关,最好只针对某种你感兴趣的贷款写博文,而不要就所有的贷款泛泛而谈。你会在这个专一的领域引起其他博主的兴趣和关注,同时也会在搜索引擎的相关关键字里获得较高的排名。

3. 注意培养自己的写作风格

博文的写作风格应该是简练、清晰、对话式的。博客的一个很大优势是它与生俱来的web基因:它依赖超级链接,流行短篇文章。你不需要写完整的文章或者进行原创性研究,而是可以简单地链接到你在其他网站上发现的有趣内容,也许加上评论或一些例子,就是一篇很好的博客了。因此,要尽量避免使用咬文嚼字的长句,更不要使用生僻、令人窒息的专业词汇。只有这样,才会引发读者的共鸣,也才能真正享受到其中的无穷乐趣。

4. 仔细斟酌你的文章标题

标题是一个具体而形微的内容,你应该把它作为独立的写作任务来对待。必须字斟句酌,因为标题是一篇文章里最重要的部分。

描述性的标题对于搜索引擎、新闻种子以及其他外部环境理解你的博客来说是非常重要的。在这些情况下,用户经常只看标题,并据此判断是否阅读整篇内容。即使读者能看到伴随标题的简短摘要(例如在搜索引擎里),但调查表明他们通常还是仅仅看标题,甚至通常只看标题的前3～4个字。

例如,"你想要什么"、"嘿!欺骗!闹剧"就不是好标题。

一个好的标题首先应该是明确而具体的,它能让读者从标题就能领会到文章的要旨,而上面例子中的第一个标题不知所云,让人看了一头雾水,第二个标题更是与话题无关。

三、写作中要注意的问题

虽然博文内容可以完全依据个人所好,上至天文地理,下到今天穿什么、吃什么,但也并不意味着你的博客写作可以毫无顾忌、为所欲为。遵守基本的道德规范,规避相应的法律风险,这是每一位正在写博客和准备开博客的人必须恪守的准则。以下这些写作注意事项是必须谨记的：
① 不要有任何反党反社会的言论；
② 避免可能引起反感的或煽动性的话题，例如，政治和宗教信仰；
③ 不要诋毁或议论你的同事或他们的行为；
④ 不要说任何诽谤性语言，注意尊重他人隐私；
⑤ 不要透露保密信息和商业机密。

熟能生巧——【练一练】

一、填空题

1. 博客是一个"简易发表"的web站点，它的中文意思就是_____。

2. 一篇博客的整个页面分为上下两大部分，上面部分的左上角从上往下分列着三行内容，第一行是博主姓名，可以是实名，也可以是_____或_____。

3. 从一开始的高度个人化的_____，到由公司官方发布各类信息的_____，博客的卓越之处在于：在面向群体时，它能够以很小的成本和近乎实时的效率完成以前无法完成的很多工作。

二、问答题

请欣赏下面一篇博文，并回答文后的问题。

用眼睛记录最美长白山

当清凉的山风吹拂着你的耳畔，呼吸间都是原始森林中植物的味道，眼中也被大片的蓝、大片的绿和大片的白充斥着，那么此时长白山的景色在你的眼中就是立体的，是电子媒介传达不到的。

长白山最美的景色，不在纪录片里，不在电影里，也不在别人的朋友圈里，而是在你的眼中。

相关链接：放下手机，背上行囊，来长白山寻找属于你的瞬间吧！

问题：
1. 这篇帖子的行文模式怎样？你喜欢吗？请简述理由。
2. 帖子中的相关链接起了什么作用？

三、请给下面这篇博文取一个标题

_____

在《泰坦尼克号》这部电影中，杰克和露丝两位主人公的爱情惊天地、泣鬼神，如此刻骨铭心相爱的两人却不能在一起，这是爱的悲剧，但也是爱的伟大，因为在泰坦尼克号被大海吞噬的时刻，杰克把生存的机会留给了露丝，刺骨的海水、死亡的恐惧并没有让他后悔，他要鼓励露丝勇敢地为了他活下去，永不放弃。

在影院里，许多人都拿出了手机记录经典的画面，我也匆忙地拿出来，也许是盲从，也许是内心的潜意识行为。

　　露丝和杰克在邮轮的甲板上,悠扬的海风无所顾忌地吹着,露丝张开双臂,那一刻,爱正在起飞;那一刻,爱不再回头;那一刻,爱如诗如画;那一刻,爱一尘不染。爱的欲望,穿越贫穷,穿越奢华,穿过每一次世俗。

　　杰克的爱,让露丝逃离了贵族的枷锁,更是救赎了她的心灵,让困在笼中的她,终于可以展翅高飞,一如他们站在泰坦尼克号的船头,迎风伫立。露丝的爱,让杰克抛弃了对社会阶层、对现实的妥协,让他执着,让他自信,让他为了自己的幸福敢于和贵族斗争。当他被囚禁在仓库,当海水已经冲破邮轮浸没了他的身躯,杰克仍然不放弃心中的执着。

任务七 会议记录

情境描摹——【听一听】

在职场生涯中,我们不可避免地会参加一些比较重要和正式的会议,那么如何正确反映会议情况,以作为整理会议文件、总结经验、研究工作等存查备考的一种历史资料呢?这就需要我们准确地做好会议记录的工作。会议记录不仅仅是把会议的内容完全无误地记录下来,同时它还会涉及会议的时间、地点和参加会议的人员等一系列内容。

例文举要——【读一读】

××学校艺术节开幕式筹备会议记录

时间:××××年×月×日。
地点:校部六楼第一会议室。
出席:×××(校长)、×××(校办主任)、×××(宣传科科长)、×××(团委书记)、×××(学生科科长)、×××(艺教科科长)、×××(后勤科科长)、×××(财务科科长)。
缺席:无。
主持:×××(校长)。
记录:×××。

一、会议主题
部署校第五届学生艺术节开幕式的各项筹备工作。

二、会议内容
由校长亲自主持,下达具体任务,明确各部门工作职责,当场协调有关事务。
(一)校长办公室主要负责会务工作,具体为:
1. 负责确定参加艺术节开幕式的领导和嘉宾人数;
2. 负责准备请柬并邀请领导和嘉宾;
3. 负责与会领导和嘉宾的现场签到和接待;
4. 撰写开幕词、安排会议议程和发言材料;
5. 负责节目单的印发;
6. 安排礼仪小姐的迎送事宜;
7. 负责艺术节各项奖杯、奖证的定制。
责任人:校办主任×××。
(二)宣传科主要负责会场的宣传布置工作,具体为:
1. 大会主席台的布置和会议横幅的张挂;
2. 橱窗、KT板主题标语的拟定、设计;

3. 节目单的制作；
4. 落实电视片的摄制。
责任人：宣传科科长×××。
（三）后勤科和财务科主要负责后勤保障工作，具体为：
1. 负责租赁剧场和舞美设计、制作的费用洽谈并签约；
2. 负责租赁接送师生的车辆（人数由学生科、工会提供）；
3. 负责准备饮用水，并安排午餐。
责任人：后勤科科长×××、财务科科长×××。
（四）艺教科和团委主要负责开幕式整台节目的彩排和正式演出工作，具体为：
1. 确定优秀的献演节目；
2. 选拔晚会主持人；
3. 编排出场顺序；
4. 组织学生演员按序候场；
5. 承担舞台监督的职责。
责任人：艺教科科长×××、团委书记×××。
（五）学生科主要负责以下工作：
1. 学生座位的划定；
2. 学生进退场的组织；
3. 会场纪律的调控。
责任人：学生科科长×××。
三、会议决议
1. 各科室责任人对上述工作无异议并一致通过；
2. 由财务科负责审核并安排所需费用。
（散会）

主持人：×××（签名）
记录人：×××（签名）

点评：

以上会议记录对具体事项分别说明，条理清晰，重点突出，便于各部门分头实施行动；同时，也记述了会议进行的程序和概貌。

◎ 知识概述——【学一学】

一、什么是会议记录

会议记录是文秘人员根据会议实际进程当场听记的、真实反映会议基本情况并有一定格式的书面材料。对重要会议尤其要及时、准确地做好记录。会议记录有两方面的作用：一是存档备查，二是作为撰写会议纪要、简报、总结和传达贯彻会议精神的依据，所以具有重要的实用价值。

二、会议记录的内容和格式

1. 会议组织情况

这部分包括会议名称、时间、地点、出席人、列席人、缺席人(原因)、主持人和记录人这八项内容。这些应在主持人宣布开会前就分项分行地写好,以免会议开始后无暇顾及。无列席、缺席者可以不写列席人和缺席人两项。出席人数较多时,可只写主要参会者,并统计出总的出席人数。

2. 会议具体内容

这是会议记录的主体,包括会议主题、会议具体内容(主持人的讲话、发言讨论过程和决议)等,会议讨论问题的部分可因会议不同而详记或略记。

3. 结尾

对会议记录完毕后,可标注"散会"、"结束"字样,再由主持人和记录人在右下方签名。

会议记录是随听随记的,难免有疏漏和错误,所以需要会后进行整理。

指点迷津——【说一说】

下面是一则会议记录,请判断其正确与否。

××班班委会会议记录

时间:2015 年 4 月 21 日。

地点:××班教室。

参加人员:各组组长、卫生组长、班长和班主任张老师。

会议内容:

1. 班级以各组为单位,各组以组长为首,每天进行登记,包括"早自习"、"课前"、"眼保健操"、"课堂纪律"等。组长汇报给班长,再给予表现不好的同学提醒、批评。

2. 班长每节课要负责提醒各任课老师把当堂课表现差的同学在登记表上打钩,以方便班主任随时监督。

班主任总结:

要担当起责任。你组里的同学表现好,这对你来说是一件光荣的事情,要随时提醒、随时监督,让××班变成一个纪律很好的班级。

任务引领——【写一写】

××公司每周五上午九点都要在公司办公楼五楼大会议室召开工作例会,各个部门的负责人都要出席会议,汇报一周的工作情况。

任务一:假如你是办公室秘书,请你为每周工作例会拟写一份会议记录的提纲。

任务二：××公司办公室秘书在做每周会议记录的时候，除了记录会议发言人讲话的要点，还加入了自己的想法和评论。请问她的做法是否合适？如果有错，要怎么改正呢？

学习要点——【想一想】

一、会议记录应突出的重点

① 会议中心议题以及围绕中心议题展开的有关活动；
② 会议讨论、争论的焦点及各方的主要见解；
③ 权威人士或代表人物的言论；
④ 会议开始时的定调性言论和结束前的总结性言论；
⑤ 会议已议决的或议而未决的事项；
⑥ 对会议产生较大影响的其他言论或活动。

二、会议记录的写作技巧

一"快"，即记得快。记录时字要写得小一些，轻一点，多写连笔字。要顺着肘、手的自然姿势，斜一点写。

二"要"，即择要而记。就记录一次会议来说，要围绕会议主题、会议主持人和主要领导发言的中心思想、与会者的不同意见或有争议的问题、结论性意见、决定或决议等做记录；就记录一个人的发言来说，要记其发言要点、主要论据和结论，论证过程可以不记；就记一句话来说，要记这句话的中心词，修饰语一般可以不记。要注意上下句的连贯性、可读性，一篇好的记录应当独立成篇。

三"省"，即在记录中正确使用省略法，如：使用简称、简化词语和统称。省略词语和句子中的附加成分，比如"但是"只记"但"；省略较长的成语、俗语、熟悉的词组；句子的后半部分以画一曲线代替；省略引文；记下起止句或起止词即可，会后查补。

四"代"，即用较为简便的写法代替复杂的写法。可用姓代替全名；可用笔画少、易写的同音字代替笔画多、难写的字；可用一些数字和国际上通用的符号代替文字；可用汉语拼音代替生词难字；可用外语符号代替某些词汇；等等。但在整理和印发会议记录时，均应按规范要求来办理。

三、会议记录的注意事项

① 对于重要的会议记录,每次记录完毕后都要交给主持人或负责人审读,如发现差错或遗漏,应立即更正或补充,然后由会议主持人和记录人在记录后签字,并注明本次记录的总页数。

② 会议记录要忠于事实,不能夹杂记录者任何的个人情感,更不允许随意增删发言内容。会议记录一般不宜公开发表,如需发表,应征得发言者的同意。

熟能生巧——【练一练】

一、填空题

1. 会议记录是文秘人员根据会议实际进程当场_____、真实反映会议基本情况并有一定_____的书面材料。

2. 会议记录的结构一般包括三个部分:一是有关会议的组织情况,包括会议名称、_____、地点、_____、_____、缺席人(原因)、主持人和_____这八项内容(出席人数较多时,可只写主要参会者,并统计出总的出席人数);二是会议的具体内容,包括_____、具体内容(主持人的讲话、发言讨论的决议)等;三是结尾,写上"_____"或"_____"字样,再由主持人和记录人在右下方签名。

二、写作题

按照会议记录的格式要求,为全体班委讨论新学期工作的会议做记录。

(提示:主体部分要包括会议主要议题、讨论过程和决议)

任务八　企业简讯

 情境描摹——【听一听】

在现实生活中,有时为了以最快的速度报道新闻事实,重大新闻也往往会以简讯,即一种以最简洁、最概括的言语报道形式出现。

在企业中,也往往需要针对企业发展及动态进行新闻报道,即企业简讯。

简讯与一般的新闻报道有何区别呢?

简讯又称简明新闻、短讯、快讯,是一种用最简洁、最概括的言语报道事实的新闻文体。它一般不交代事情发生的经过和背景,没有多余的解释,也没有导语,而是以最快的速度和最简短的文字,将事情的简要情况迅速地报道出去。简讯的篇幅非常精练,至多两百字左右,少则几十字。简讯中的新闻五要素(何时、何地、何人、何事、何故)可以省去"何故"这个要素,这在所有新闻文体中是唯一的。简讯虽然简短,但并不代表所报道的消息分量轻或者新闻性弱。

 例文举要——【读一读】

> ×××集团学习贯彻××系列讲话工作全面启动
> 　　××××年××月××日,××××首期"学习贯彻××系列讲话培训班"在××市开班。集团和子公司领导班子、公司级高管、部门负责人共×××名领导干部参加学习。集团公司董事长××同志参加培训并讲话,强调×××各级机构要把学习贯彻××系列讲话作为当前和今后一个时期重要的任务来抓,切实把重要讲话精神转化为统一思想和推进工作的科学指南。集团公司总经理××同志主持了开班式和结业式。

点评:

这是一篇企业内部杂志上的简讯,用简洁明了的语言交代清楚了何时、何地、何人以及何事。

知识概述——【学一学】

一、企业简讯的格式要求

① 标题字体一般为中宋,字号可根据标题字数的多少进行调整,一般设置为小二,居中,加粗,行距为单倍行距。

② 正文为宋体,字号一般为四号字。

③ 正文段落格式一般为两端对齐,行距一般为单倍行距或是固定值(一般取22~25磅)。

④ 标题与正文之间应留有一定的间隔。

二、企业简讯的书写要求

① 标题是概括简讯的主要内容。标题有四种形式,即正题、引题＋正题＋副题、引题＋正题、正题＋副题,但总体要求都是醒目、准确。
② 导语是简讯开头的一段话,要求用极简明的言语概括主要内容。
③ 主体是简讯的主要部分,要求具体清楚,内容翔实,层次分明。
④ 结尾是对简讯内容的小结。有些简讯可无结尾。

指点迷津——【说一说】

假如你是读者,你觉得这篇企业简讯有哪些需改进的地方?

民主评议政风、行风求实效

为增强服务企业、服务群众意识,提高行政效率和服务水平,改善、优化投资服务环境,促进经济社会又快又好发展,×××街根据市、区纠风办要求,结合街道特点,采取了四项措施,保证民主评议政风、行风工作效果。

1. 领导重视,明确责任。民主评议政风、行风工作做了三件事:一是成立街道民主评议政风、行风和辖区科队站所面对面评议两个领导小组;二是制定了民主评议政风、行风街道和科队站所两个工作方案;三是召开了工委、机关、科队站所、社区企业四个会议。

2. 自我加压,全面推进。2008年民主评议政风、行风工作的重点对象是"6＋8"所属的科队站所,为了公开、公正、公平,街党工委办事处自我加压,经过研究把全街对外服务的城市管理、经济发展、社会事务、计划生育科、社会服务中心、清洁环卫所全部列入了被评对象,这一举措得到了辖区科队站所以及企业、居民的好评。

3. 不走过场,形式多样。为了把民主评议政风、行风工作落到实处,取得实效,我街道在前段工作的基础上先后进行了问卷调查、入户上门、集中座谈、公开测评等方式,征求了社区、企业群众、30个单位意见,共征集意见、建议31条,经过逐一梳理后以书面形式及时反馈到被评部门,督促整改建章建制。

4. 客观公正,力求实效。我街道是区民主评议政风、行风面对面活动试点之一,为了使这次活动组织好、落实好、效果好,体现实事求是、客观公正、公开公平的原则,真正为企业、群众办好事,做实事,提高行政效能,增强两个服务意识,8月7日上午,街道6个科室、10个科队站所、4个委办局、行政投诉中心、行评代表现场与企业群众开展了面对面活动。现场会接受投诉60条,征集意见、建议50条,咨询10条,近百名群众现场对上述部门进行了测评,满意、基本满意率达96%以上,树立了政风、行风工作在人民群众中的形象,增强了居民对行政、行业的满意度,取得了阶段性效果。

任务引领——【写一写】

任务一:请根据上文,改写简讯"民主评议政风、行风求实效"。

任务二：2014年7月27日，上海福喜有限公司为麦当劳等知名快餐品牌提供过期鸡肉被曝光，事后上海市委特此召开新闻发布会，新闻媒体纷纷聚焦此次事件。请阅读下面针对福喜事件的新闻报道，按照简讯的写作要求，整合相关信息，为此次新闻发布会写一篇简讯。

上海市委：支持媒体，保护记者，保护举报者

上海市委领导27日主持召开专题会议，听取关于"福喜事件"查处情况的汇报。他强调，食品安全无小事，事关广大人民群众身体健康和安全，政府各监管部门必须坚持"五个最严"，从标准、准入、执法、处罚、问责各环节落实依法从严监管的原则。

上海市委领导说，在"福喜事件"中，媒体发挥了重要作用，要支持媒体，保护记者，保护举报者，这样的舆论监督是正能量。"在上海，不管什么企业，只要违法，都必须依法受到严惩。"

上海市委领导指出，"福喜事件"后续处理的关键是严格依法，无论是涉案企业还是相关责任人，都必须对其依法追究责任、依法处置。必须举一反三，政府职能部门要始终把举一反三贯穿于监管工作的全过程。当前，市场上出现的新生产方式和新流通模式，对政府监管体系和监管水平提出了更高的要求，对监管部门的发现能力、技术水准提出了新的挑战，只有时刻警醒，时刻举一反三，主动作为，有监管漏洞就堵住，发现问题就及时查处，才能主动、准确、全面地把握全市食品安全工作的整体情况，不断完善监管工作的体制机制。

上海市委领导强调，食品安全问题全社会高度关注，"福喜事件"的查处过程必须准确、及时向社会公开。对任何违法行为，都必须依法严惩，政府监管部门只有真正做到依法、严格、严肃，才能体现公信力，更好地维护和保障广大人民群众的安全，让人民群众满意。

学习要点——【想一想】

撰写企业简讯应注意以下几点：

① 简单扼要地报道一个主要事实；

② 选材精练，对主要新闻事实不作细节描写或详述，也不发表议论或抒发感情，结构上一竿子到底，无层次递进或转折；

③ 篇幅短小，一般只有一个自然段甚至一两句话；

④ 文字简洁,准确到位。

熟能生巧——【练一练】

2013年12月16日,中国人民保险集团参加搜狐组织的一个活动案例比赛并获得了奖项,请根据获奖证书上的内容为该企业撰写一篇企业简讯。

2013年度搜狐金赢销奖
最佳公益环保营销奖
中国人民保险集团2013年客户
"倾听心声绿动中国"活动

任务九　演讲稿

 情境描摹——【听一听】

古今中外，人们在生活、工作、学习中，为了传达某种思想，获取某种工作、职位等，常常需要进行一种公开性的口头表达活动，以便充分展示自己的才能，让听众更好地了解自己、信任自己，使金子有发光之地。它往往不是简单的即兴表白，通常是有备而来的口头发言，这就需要事先精心准备一份应用文书——演讲稿。

 例文举要——【读一读】

为人民服务

我们的共产党和共产党所领导的八路军、新四军，是革命的队伍。我们这个队伍完全是为着解放人民的，是彻底地为人民的利益工作的。张思德同志就是我们这个队伍中的一个同志。

人总是要死的，但死的意义有不同。中国古时候有个文学家叫作司马迁的说过："人固有一死，或重于泰山，或轻于鸿毛。"为人民利益而死，就比泰山还重；替法西斯卖力，替剥削人民和压迫人民的人去死，就比鸿毛还轻。张思德同志是为人民利益而死的，他的死是比泰山还要重的。

因为我们是为人民服务的，所以，我们如果有缺点，就不怕别人批评指出。不管是什么人，谁向我们指出都行。只要你说得对，我们就改正。你说的办法对人民有好处，我们就照你的办。"精兵简政"这一条意见，就是党外人士李鼎铭先生提出来的；他提得好，对人民有好处，我们就采用了。只要我们为人民的利益坚持好的，为人民的利益改正错的，我们这个队伍就一定会兴旺起来。

我们都是来自五湖四海，为了一个共同的革命目标，走到一起来了。我们还要和全国大多数人民走这一条路。我们今天已经领导着有九千一百万人口的根据地，但是还不够，还要更大些，才能取得全民族的解放。我们的同志在困难的时候，要看到成绩，要看到光明，要提高我们的勇气。中国人民正在受难，我们有责任解救他们，我们要努力奋斗。要奋斗就会有牺牲，死人的事是经常发生的。但是我们想到人民的利益，想到大多数人民的痛苦，我们为人民而死，就是死得其所。不过，我们应当尽量地减少那些不必要的牺牲。我们的干部要关心每一个战士，一切革命队伍的人都要互相关心，互相爱护，互相帮助。

今后我们的队伍里，不管死了谁，不管是炊事员，是战士，只要他是做过一些有益的工作的，我们都要给他送葬，开追悼会。这要成为一个制度。这个方法也要介绍到老百姓那里去。村上的人死了，开个追悼会。用这样的方法，寄托我们的哀思，使整个人民团结起来。

点评：

这是毛泽东于1944年9月8日在张思德同志追悼会上的演讲稿，强调了共产党员要彻底地为人民的利益工作,鲜明地提出了"为人民服务"这一贯彻整个党的建设伟大工程的座右铭。

知识概述——【学一学】

演讲稿,有时也称做"演讲词",是在一定的场合面向公众发表的有主题的讲话文稿。

演讲稿的种类很多,根据主题内容来划分主要有:

① 政治演讲稿,包括竞选演说、就职演说等;

② 学术演讲稿,包括科研报告、学术讲座等;

③ 生活演讲稿,包括各类演讲赛、巡回报告等;

④ 教学演讲稿,教师使用的有介绍作家作品以及进行思想教育的讲稿等,学生使用的有读书报告、问题辩论、专题演讲、论文答辩等;

⑤ 法律演讲稿,律师常用。

演讲稿的种类根据所采用的主要表达方式的不同来划分主要有:

① 叙述式演讲稿:陈述自己的思想、经历、事迹等,或转述自己耳闻目睹的他人的事迹等;

② 议论式演讲稿:确立自己的观点后,用强有力的事实论据或理论论据进行相关论证;

③ 说明式演讲稿:通过解说某种事理从而达到解说某个道理或问题的目的;

④ 抒情式演讲稿:通过富有感情的语句,充分抒发演讲者的喜爱、赞美、感谢、憎恶等感情。

优秀的演讲稿常常具有时代性、艺术性、鼓动性和针对性四大特征。

演讲稿通常没有严格的、固定的格式。其结构通常包括标题、称呼、正文三部分。正文又包括开头、主体、结尾三部分。有些演讲稿在正文之后还有结束语和署名。

指点迷津——【说一说】

请阅读以下演讲稿并回答问题。

给我一次机会,还您一个满意
——竞选文娱委员的演讲稿

各位同学:

你们好!

我的竞选目标是文娱委员。实不相瞒,对这一最"高"级别的"文艺部长"一职我是垂涎已久了。因此,我今天走上讲台,不是凑凑热闹,而是有备而来。我自信,我的竞争优势是无人能比的。

我曾在小学和初中阶段长期担任班级文娱委员,有着"从政"的丰富经验。记得在小学三年级时,为庆祝我们自己的节日,学校要求每班出几个节目。我组织全班同学积极投入,排演了大合唱《让我们荡起双桨》和小品《爷爷,过年了》,赢得了一致好评,我也因此而获得"最佳小导演"称号。初中阶段,我所组织的"诗朗诵"活动荣获学校评选的一等奖。

好汉莫提当年勇,而今勇气胜当年。当然,会唱歌不一定就能当好文娱委员。那么下面就请各位听听如果我当选文娱委员后,将采取的几大措施:

① 我将在竞选成功后、发表就职演说的第二天,在教室后墙上开辟一块"歌迷影迷

园地",及时向大家报道歌坛、影坛新动态、新信息,介绍歌星、影星的轶闻趣事。

② 我将在重要的节日里,组织主题鲜明、风格独特的联欢晚会,让大家尽情尽兴,以松弛一下平时绷得过紧的神经,调剂我们紧张的学习生活。

③ 我还会不定期地在课间搞个"轻松五分钟",或让未来歌星过把瘾,或让准笑星幽默一下,或设计几个"斯芬克斯之谜"让大家有奖竞猜。如果条件允许,我还准备组织个小型的"文艺沙龙",不定期地切磋艺事,并且每隔一段时间就交换一下成员各自的影像资料,实行"资源共享"。

④ 我还将定期召开学生代表会议,及时反映对班级"文化生活"的意见,并根据合理的意见不断改进工作。

总之,我会让每一个同学明显地感到,自从我当上文娱委员后,班级的艺术气氛明显变得浓厚了,大家的学习生活也不再枯燥无味了——"不一样,不一样,就是不一样!"我将用自己的实际行动证明我当文娱委员就是"无可替代"的。

同学们以前常说:"窗外的世界很精彩,里面的我们很无奈"。你们如果选我当文娱委员,我一定会改变它为"窗外的世界很精彩,窗内的生活也多彩"。当我全面实施我的"施政纲领"时,请为我喝彩! 明智的你,请投出明智的一票吧!

谢谢大家!

思考:
① 假如你是现场听众,你会为他投票吗? 为什么?
② 你认为这篇演讲稿最大的优点是什么? 还有什么可改进的地方?

 任务引领——【写一写】

假如你要竞聘某连锁店的主管,你该怎样拟写一份竞聘演讲稿?

任务一:请为该演讲稿拟写一个标题。

任务二:请拟写该演讲稿的称呼和正文的开头部分。

任务三:请为该演讲稿正文的主体部分拟写提纲。

任务四：请为该演讲稿的正文部分拟写一个结尾。

学习要点——【想一想】

撰写演讲稿应注意什么？

一、标题

标题往往是演讲的内容或观点。

二、开头

开头是演讲成功的关键，要尽快引丐听众。一是注意和听众交流感情，二是尽快引入主题，引起听众兴趣。常见的开头方式有：点题式、提问式、悬念式、故事式、交流式、引用式、即兴式、幽默式、道具式等。

三、主体

主体是集中体现、展示演讲者的思想、观点及其所统率的材料的部分。应尽量做到观点正确、立意深刻，材料典型、内容独特。一篇演讲稿只能有一个中心。层次安排可按时间或空间顺序排列，也可以平行并列、正反对比、逐层深入。由于演讲材料是通过口头表达的，为了便于听众理解，各段落应注意上下连贯，段与段之间应有适当的过渡和照应。

四、结尾

结尾力求做到收束有力，揭示题旨、鼓动激励、启人深思。常见的方式有：
① 归纳式：以简洁的语言画龙点睛地总结中心论点；
② 号召式：提出殷切希望，号召听众身体力行；
③ 展望式：向听众揭示演讲中提出的理想境界和美好前景，激励听众为之努力奋斗；
④ 引用式：以名言警句、诗句等作结从而升华主题。

此外，还可以根据演讲内容的不同，采用决心、誓言、祝贺言辞等结尾，使演讲能自然收束，给人留下深刻印象。

五、材料的选择

材料的选择要尽量做到新鲜、通俗、典型、耐人寻味。因此，在准备演讲稿之前首先要了解听众的整体情况,诸如性格、年龄、文化程度、职业状况、心理需求等等。在此基础上投其所好,恰当地选择、组织材料,这是演讲成功的必要条件。

六、注意语言

语言应准确、生动、真诚,富有感染力。可多用比喻、口语化的语言,动之以情,晓之以理。

熟能生巧——【练一练】

1. 演讲稿的种类根据所采用的主要表达方式的不同,可划分为叙述式、_____、说明式、_____。

2. 请阅读下面一篇演讲稿,并回答文后问题。

学 会 感 恩

各位朋友:
　　大家好!
　　今天我演讲的题目是"学会感恩"。
　　一位名人曾经说过:"生活就是一面镜子,你笑他也笑,你哭他也哭。"你感恩生活,生活将给予你灿烂的阳光;你不感恩,只知一味地怨天尤人,最终可能一无所有!
　　生活告诉我们要时时怀有一颗感恩的心。怀有一颗感恩的心,才更懂得尊重。尊重生命、尊重劳动、尊重创造。怀着感恩的心,一代伟人邓小平在古稀之年说:"我是中国人民的儿子,我深深地爱着我的祖国和人民!"
　　怀着感恩的心,诗人艾青在他的诗中写道:"为什么我的眼中饱含泪水,因为我对这片土地爱得深沉。"当我们每天享受着清洁的环境时,我们要感谢那些清洁工;当我们迁入新居时,我们要感谢那些建筑工人;当我们出行时,要感谢司机……
　　感恩伤害你的人,因为他磨练了你的意志;感恩欺诈你的人,因为他增进了你的智慧;感恩诽谤你的人,因为他治炼了你的人格;感恩鞭打你的人,因为他激发了你的斗志;感恩遗弃你的人,因为他教会了你的独立;感恩绊倒你的人,因为他强化了你的双眼;感恩指责你的人,因为他提醒了你的缺点。
　　怀有一颗感恩的心,不是简单的忍耐与承受,而是以一种宽宏的心态积极勇敢地面对人生。我相信,最温暖的日子来自寒冷,我更相信,最温暖其实是对寒冷的一种谅解,一种感恩中的感动。一个人要学会感恩,对生命怀有一颗感恩的心,心才能真正快乐。送别人一束鲜花,首先闻到香味的是你自己;用泥巴投向别人,首先弄脏的是你自己的手!
　　同学们,让我们怀着感恩的心面向世界吧! 让我们怀着感恩的心对待我们的生活吧! 少一些指责与推卸,多一些宽容与理解;少一些争吵与冷漠,多一些温暖与和谐;少一些欺瞒与涣散,多一些真诚与团结,让我们的精神家园永远年轻!

① 这则演讲稿的拟题方式是怎样的?

②这则演讲稿的开头、结尾方式分别是什么?

③这则演讲稿的主体部分采用的是什么方式?

④这则演讲稿中最打动你的是什么?

3. 假设你是一位刚入职场不久的新人,有幸被推荐在公司的年会上做一个有关感恩的演讲,请为这份演讲稿拟写两种不同的开头(100字左右),以引起大家对你的关注。

方案一:

方案二:

4. 东湖宾馆要竞聘前台主管,假设你正有此意,请查阅相关资料并结合自己的生活、工作经验,拟写一份竞聘演讲稿。

下篇：职场进阶篇

资深职业人应用模块

任务十　述职报告

情境描摹——【听一听】

古语有云:天道酬勤。意思是对于那些在工作中勤勤勉勉、孜孜以求的人,上天都会眷顾他,给予他丰厚的回馈。《周易》里所讲的"劳谦君子,有终吉",也是此意。当一个阶段的辛勤付出终于有了收获和回报时,如何更好地呈现自己在任职岗位上的工作业绩,使主管部门和单位同事对你履行岗位职责的情况有一个较为全面的了解,以便更好地接受上级领导的考核和群众的监督? 这就需要运用到述职报告这一应用文体。

例文举要——【读一读】

××公司数据分析员述职报告

尊敬的各位领导、各位同事:

大家好! 20××年我任职于数据分析岗位。一年来,在公司部门领导和党支部的正确领导下,我认真贯彻执行党的各项方针、政策,紧紧围绕公司开展的"积极主动谋发展,务实奋进争一流"的主题实践活动,深入学习,不断提升自己各方面的能力,用自己的不懈努力较好地完成了各项既定的工作目标。现将本人一年的工作述职如下:

一、虚心学习,与时俱进,不断提高政治素质和业务水平

作为一名党员和公司的一分子,具备良好的政治和业务素质是做好本职工作的前提和必要条件。一年来,我一方面利用工作和业余时间认真学习了科学发展观、十一届全国人大二次会议和××在中纪委××届三次全会上的讲话精神,进一步提高了自己的党性认识和政治水平;另一方面虚心向周围的领导、同事学习工作经验、工作方法和相关业务知识,取人之长,补己之短,加深了与各位同事之间的感情,同时还学习了相关的数据库知识,提高了自己在数据分析和处理上的技术水平,坚定了做好本职工作的信心和决心。

二、不断进取,踏实工作,努力完成领导交办的各项工作任务

一年来,在主管的带领和同事们的支持下,自己主要做了以下几项工作:

1. 认真做好各项报表的定期制作和查询工作。无论是本部门需要的报表还是为其他部门提供的报表,保证报表的准确性和及时性,与报表使用人做好良好的沟通工作,并完成各类报表的分类、整理、归档工作。

2. 协助主管做好现有系统的维护和后续开发工作。包括 top 系统和多元化系统

中的修改和程序开发。主要完成了海关进出口查验箱报表、出口当班查验箱清单、驳箱情况等报表导出功能以及龙门吊班其他箱量输入界面、其他岗位薪酬录入界面的开发，并完成了原有系统中交接班报表导出等功能的修改。同时，完成了系统在相关岗位的安装和维护工作，保证其正常运行。

3. 配合领导和其他岗位做好各种数据的查询、统计、分析、汇总工作。做好相关数据的核实和上报工作，并确保数据的准确性和及时性。

4. 按照上级领导的要求，配合公司年检工作的具体内容，保质保量按时提交了相关的数据统计、分析和报表的上报工作，保障了我公司年检的顺利通过。

5. 完成领导交办的其他工作，认真对待，及时办理，不拖延、不误事、不敷衍，尽力做到让领导放心和满意。

三、存在的不足和今后的努力方向

一年来，在办公室领导和同事们的指导帮助下，自己虽然做了一些力所能及的工作，但还存在很多不足：主要是阅历浅，经验少，有时遇到相对棘手的问题考虑欠周密，视角不够灵活，缺乏应变能力；理论和专业知识不够丰富，导致工作有时处于被动；等等。

针对以上不足，在今后的工作中，自己要加强学习、深入实践，不断丰富自己的工作经验，继续坚持正直、谦虚、朴实的工作作风，尊敬领导，团结同志，不断提升自己的工作能力和业务水平，和同事们一起把办公室的工作做细、做好，希望自己明年在工作能力和工作效率上能够有更大的提升。

以上述职报告妥否，请予审议。

谢谢大家！

述职人：×××
二○××年×月×日

点评：

这是一位数据分析员所写的述职报告。这篇述职报告行文层次清晰，从自身提升、所做的主要工作、存在的不足和今后的努力方向等方面进行了较为全面的陈述，且虚实结合，重点突出，把较多篇幅放在主要工作的完成情况的陈述上；采用横式结构，每一方面都用简要的主题句来表达，条理清晰，内容充实，从多个侧面较好地展现了自己在岗位上的履职情况。

知识概述——【学一学】

一、述职报告的概念

《孟子·梁惠王下》中就有"述职"一词及解释："诸侯朝于天子曰述职，述职者述所职也。"这种述职可以是口头的，也可以是书面的，而书面的陈述，实际上就是一种"述职报告"。

述职报告是指各级各类机关工作人员，主要是领导干部向上级、主管部门和下属群众陈述任职情况，评议自己的任职能力，接受上级领导考核和群众监督的一种应用文。

二、述职报告的特点

述职报告具有个人性、真实性和通俗性的特点。

三、述职报告的分类

根据不同标准,述职报告可以分为不同种类。
① 从内容、性质划分:可分为综合性述职报告和专题性述职报告。
② 从用途划分:可分为晋职述职报告和例行述职报告。
③ 从时间划分:可分为任期述职报告和年度述职报告。

四、述职报告的结构

述职报告通常由标题、称谓、正文和落款四部分构成。

1. 标题

标题位于开头部分上端居中的位置,可简单标明"述职报告"或"×××述职报告",也可用正副标题形式,正题写主题,副题写述职场合,如:"继往开来,与时俱进,全力以赴向国家级示范性高中冲刺——在××中学第二届教职工代表大会第四次扩大会议上的述职报告(2014—2015年度)"。

2. 称谓

根据听报告的具体对象写称谓,如:"各位领导、同志们",要顶格写,后面用冒号。

3. 正文

正文一般由开头、主体和结尾三部分组成。开头如凤头,主体如猪肚,结尾如豹尾。

① 开头,又叫引语,一般交代任职的自然情况,包括任职时间、任职岗位、岗位目标和自我评价等。这部分要写得概括集中、简明扼要。

② 主体,是述职报告的中心内容,主要报告履行职责的具体情况,内容包括:任职期间所做的主要工作,取得的主要成绩,存在的主要问题,并分析问题产生的原因,提出今后改进的意见和措施。

③ 结尾,一般写结束语,交待对后续工作的展望,明确下一阶段的工作目标、措施等。

4. 落款

述职报告的署名,由报告人签署,在正文右下方写明"述职人:×××",署名下面写明具体日期。

❓ 指点迷津——【说一说】

例文1:

述 职 报 告

尊敬的酒店领导:

　　从我入职酒店营销部门工作以来,我和酒店一起走过了很多难忘的岁月,感谢领导对我的信任和关怀,感谢同事对我的支持和帮助,使我能在酒店营销部经理这个重要的岗位上顺利地完成各项工作。在营销部工作的这段时间,使我感受很多,收获也很多,逐渐成长了起来,使我深刻体会到我还有很多不足之处。

酒店营销部掌握的是一个企业的经济命脉,他向领导者提供第一手资料,帮助决策者管理和经营企业。以下是我在工作中对本人所负责的酒店营销部门的工作现状作出的分析。

一、目标顾客定位过于狭窄

我们酒店的经营特色不够明显,定位偏高,大众消费者有点接受不了。我们一贯以高中档酒店定位于市场,对本区域的居民不构成消费吸引力。

二、宣传力度不够,未能在市场上引起较大的轰动

我们可以在平面媒体上制作一整套广告宣传计划,投资小,而且高效灵活。也可以充分利用多种广告形式推荐、宣传酒店,努力提高酒店知名度,争取公众单位对酒店工作的支持与合作。

三、服务细节要加强

在回访客人的同时,要把征询到的客人的意见和建议及时与各部门领导沟通交流,逐步进行完善提高,根据营销目标,制订本年度的营销计划。

针对以上情况,对本人20××年的工作进行以下规划:

① 全面了解、掌握酒店的市场竞争地位和竞争对手状况。对酒店及周边进行一系列的调查,了解酒店的经营状况,以便于对酒店的经营管理提供参考,也可以为我部更好地开展工作提供详细的第一手资料,进一步扩大目标顾客群。

② 进行VIP客户拜访。结合目前客户来酒店的消费情况进行调查,分析客户的消费水平,建立VIP客户档案库,全程跟踪服务,注意服务形象和仪表,热情周到,进行特殊和针对性的服务,最大限度地满足客户的要求。对以前经常来、现在却很少来的客户加强联络,进行回访,建立与客户之间的良好关系,从而与客户成为朋友,达到促使其消费的目的。通过各种方式争取团队和散客客户,稳定老客户,发展新客户,并在拜访中及时了解、收集宾客意见及建议,反馈给有关部门及总经办。

③ 制订节假日个性化营销方案,特别是像中秋节、元旦节和春节这样的传统节日。

④ 加强客户储值卡的办理,增加现金流。

20××年,营销部将在服务于酒店整体发展目标的基础上,逐步解决上一年存在的一些问题,根据顾客的需求,主动与酒店其他部门密切联系,相互配合,充分发挥酒店整体营销活力,创造最佳效益,开拓创新,团结拼搏,努力完成全年销售任务,创造营销部的新形象、新境界!

述职人:×××
二〇××年×月×日

思考:

你认为这篇述职报告有哪些可取之处?哪些地方可以改进?

例文2：

总结述职报告

×××局长：

我是心怀对我们企业的深厚感情而工作的。这种感情来自公司对我的培养，来自全体员工对我的信任和支持。我深知带领公司全体员工促进企业持续长远发展、振兴壮大企业、增加员工收入责任重大。因此，我一直为此努力工作着。现在，我向领导述职，请予以审议。

一、履行职责情况

① 认真学习贯彻党的二十大报告精神，在实际工作中深刻领会党中央确定的各项工作方针的深刻内涵，把思想和行动统一到党中央的路线方针政策上来，创新企业发展。

② 注重企业文化建设，提倡"诚信、情感、责任、程序"八字管理理念，主张"以人为本，守法诚信"，引导广大员工"以企为家，共同发展"。引导员工把"诚信、情感、责任、程序"贯穿于整体工作中，发挥才智、敬业爱岗、求真务实、规范操作，通过宣传、培训以及制度建设，强化项目管理，推行"质量、环境保护、职健安全"三位一体标准化作业程序等措施，促进各项目在安全、质量、工期等方面全面兑现对业主的承诺，为公司树立良好的信誉，为共同事业的长远发展打下基础。

③ 加强民主管理，以真诚和友谊建立良好的同事关系和社会关系，风雨同舟。一是从职工关心的"热点"、"难点"、"疑点"入手，深入实际地解决好公司经营管理与改革发展等重大问题，做好领导干部廉洁自律以及有关职工切身利益方面的工作。二是注重维护公司领导班子的团结。大厦之成，非一木之材；大海之润，非一流之归。班子成员坦诚相待、合作共事、职责互补、荣誉共享，集思广益，发挥整体合力，改进工作，促进发展。

④ 不急功近利，从长远着眼，坚持理论，联系实际，扎实开展管理调研工作。作为公司总经理，不但要具备这个岗位所需要的一切素质，还要把握各方面的信息，保持对事物发展规律的敏锐感觉，使思想观念与时俱进，把理论知识、市场规律与企业管理实际相结合，才能领导公司不被激烈的市场竞争所淘汰。因此，去年我充分运用国家政策、法规，依法开展财务监督、审计监督、质量监督和效能监察。把长线工作与短期的具体工作相结合，深入分析公司管理、项目管理工作中的思想政治、人事管理、机构设置、标准化程序贯彻、合同管理、设备管理等工作的不足，从企业长远发展的角度，初步确定了深化企业管理改革的方案。

⑤ 高度重视经营开发工作。招揽足够的施工任务是企业开展其他一切工作的前提，如何扩大施工份额，是我们应该不断探索的永恒课题。今年，经与公司班子成员协商，我们决定加大投入，多种渠道、多种方式并行，实行重点地区、重点项目重点追踪，班子成员分片负责的经营方针，取得了可喜成绩。

⑥ 始终把思想作风建设摆在第一位。自担任公司总经理以来，我不断提升思想素质、开阔视野、充电扩能，始终把上级和公司广大员工赋予我的权力当作一种责任和义

务,坚决贯彻执行党和国家的政策法规以及上级的指示、决定,一切从公司以及广大员工的利益出发,从不以个人私利侵害公司和员工的利益,做到了敬业勤政、廉洁奉公、关心群众疾苦,并以此影响教育自己的家人。

二、存在的问题和今后的努力方向

总结我个人的工作,离上级的要求与企业发展还有一定差距。表现在政治理论不够丰富、业务知识学习少;表现在企业管理行为、员工个人行为与企业经营管理理念之间存在很大的差距;表现在企业管理、项目管理与市场规律不相符;还表现在企业改革之后,即将产生的一系列其他问题。当然,个人总结难免片面,我诚恳地请求大家对我多提意见和建议,促进企业发展和我个人进步。

今后,我将加强学习,提高思想觉悟、工作能力和管理水平;我有信心与公司领导班子一起带领全体员工深化企业改革,解决包括企业管理、项目管理、经营开发等在内的一系列问题,广泛采纳大家好的建议,求真务实、开拓创新、奋发进取,为公司在20××年里夺取更加辉煌的业绩而努力奋斗!

谢谢大家!

思考:
这篇述职报告存在哪些问题?应该如何改进?

任务引领——【写一写】

如果你是一所学校的教学处主任,你将在学校的教职工代表大会上进行述职,你会怎样拟写这篇述职报告?

任务一:请你写出该述职报告的称呼和开头部分。

_____
_____
_____

任务二:请为该述职报告正文的主体部分拟写提纲。

_____
_____
_____
_____

学习要点——【想一想】

述职报告的写作要注意以下几个方面:
① 主体要突出,要围绕岗位职责展现个人的工作情况;
② 内容要客观,要实事求是、客观地陈述自己的履职情况;
③ 重点要突出,要对主要工作和特色工作做重点着笔;
④ 语言要庄重,要掌握好分寸,写得恰到好处。

熟能生巧——【练一练】

1. 述职报告通常由＿＿＿＿、＿＿＿＿、＿＿＿＿、＿＿＿＿四部分组成。
2. 请阅读下面一篇述职报告,并回答文后的问题。

交通局长述职报告

各位代表：

　　我于20××年××月被区人大常委会任命为区交通局局长,主持全面工作。主要职责和任务是负责全区农村公路的建设和管理,抓好交通行业监管,开展交通行政执法,为全区经济和社会各项事业发展服务。在交通局长这个岗位上,我始终坚持"畅通交通促发展,为人民群众服务好"这一工作目标,努力干好本职工作,团结带领全局干部职工,较好地完成了各项任务。现在,我主要从以下三个方面向区人大常委会作述职报告,请予评议。

　　一、真抓实干办实事,民心工程得民心,农村公路建设惠及千家万户

　　从上任的第一天起,我和党委一班人就把农村公路改造升级紧紧抓在了手上。抓住国家实施积极财政政策、加大农村基础设施建设投入的机遇,努力改变我区农村公路等级低、路况差、超期服役、服务水平滞后的局面。

　　我在区委、区人大、区政府的正确领导和大力支持下,深入调查研究,积极主动争取项目,千方百计筹措资金,于2006年起,在全区范围内实施了"村村通油路",即农村公路建设工程,把农村公路建成了名副其实的民心工程、廉洁工程和精品工程。目前已累计完成投资8700多万元,工程合格率100％、优良率95％以上,全区90％以上的行政村通了水泥或沥青路,受益人口20多万人,建设规模和质量均走在全市前列,被市委、市政府评为农村公路建设"示范区"。按照"路通到哪里,车就通到哪里"的要求,同步实施"村村通客车"工程,先后开通农村客运线路17条,投入客运班车30余辆,行政村通车率达97％。

　　二、着眼大局治超限,突出重点抓监管,交通行政执法取得积极成效

　　超限运输,不仅是公路的"杀手",更是社会的"公害"。我区是一个资源型城市,煤炭、水泥、石膏外运量大,加之又是两省交界地,一度成为超限运输的"重灾区"。在20××年以前,全区近3000辆货运车辆,有80％以上长年从事超限运输,已经到了不治不行、非治不可的地步。

　　去年11月份以来,按照国家八部委的统一部署,我区打响了治理超限运输的攻坚战,并以全省集中联合整治交通秩序活动为契机,成立了交通、公安部门汇编整合的联合执法队伍,坚持法律手段与行政手段并重、严管重罚与规范执法并重、集中治理与长期监管并重,使超限车辆得到了有效遏制。今年以来,全区共查处超限运输车辆1000余辆次,卸载分流货物3500多吨,超限车辆比例已由原来的80％以上降到了现在的5％以下,路桥完好率比20××年提高了近6个百分点,今年以来未发生任何道路运输责任事故。

　　三、接受监督争主动,依法行政重勤廉,交通队伍形象得到根本提升

　　接受监督,就是规范自己、制约自己。在开展工作的每个环节和步骤,我都自觉地

接受区人大和各级人大代表的监督,聘请人大代表为交通行风监督员,把人大领导的指示、人大代表的意见和广大群众的呼声,作为想决策、作决策的客观依据,使交通工作更加符合代表的要求和人民的意愿。×××公路的改造和×××公路的治理,是近年来代表议案反映集中的问题,目前已采取针对性的措施,逐步加以解决,×××公路的改造已经付诸实施,目前,桥梁工程已经竣工,年底前将建成通车;×××公路的综合整治现已全面展开,通行环境及路域环境已有明显改善,保障了道路的安全畅通。

  我在接受监督、强化监督的基础上,持之以恒地抓好了三项建设:一是严于律己,加强自身建设;二是严格要求,加强班子建设;三是严明风纪,加强队伍建设。以创建省级文明行业为主线在征收大厅等窗口单位推行站立服务、微笑服务;在行政审批中推行"一条龙服务"、"明白纸服务";在交通稽查中开展便民服务;在规费征收中开展上门服务。向服务要质量、要效益,连续三年实现无公路"三乱"为目标,交通工作的群众满意率和社会信誉度得到了极大提高。

  虽然我在自己的工作岗位上取得了一些成绩,但我也清楚地知道在实际工作中还存在以下问题:一是农村公路建设步伐有待进一步加快,资金筹集力度、质量监管力度有待进一步加大;二是超限超载治理的方式方法有待进一步创新和拓展,拒绝执法、逃避检查甚至暴力抗法的问题亟待解决;三是"黑车"问题、道路运输安全问题、不正当竞争问题等在一定范围内尚且存在,影响了道路运输市场的安全稳定。

  古人云:"凡事预则立,不预则废。"在接下来的工作中,我将认真分析上述问题存在的原因所在,全力以赴抓好这些问题下一步的整改和提高,努力探究解决问题的方法,争取早日从根本上解决问题,为一方百姓打造更为顺畅、和谐的生活环境,以期达到领导满意、群众满意和代表满意。

  以上述职,不当之处,敬请指正!

述职人:×××
二〇××年×月×日

① 这篇述职报告的开篇简洁明了,述职人从哪几个方面对自己的情况进行了介绍?

② 本文的结尾有什么特点?有怎样的表达效果?

③ 对这篇述职报告主体部分的三方面内容,述职人采用了什么手法来突出自己工作的业绩,体现自己的工作能力?

任务十一　调查报告

情境描摹——【听一听】

毛泽东有句名言:"没有调查就没有发言权。"他一生写了大量的调研报告,尤其是他的那篇《湖南农民运动考察报告》,可谓人人皆知。

这天学校创业队的小童来到老师面前,面带难色,告诉老师:创业队申请了一个项目,但主办方要求他们对自己计划中的内容进行调查,还要写调查报告,但他不知如何落笔。下面就来学习调查报告的撰写方法。

例文举要——【读一读】

××市居民家庭饮食消费状况调查报告

为了深入了解本市居民家庭在酒类市场及餐饮类市场的消费情况,特进行此次调查。调查由本市某大学承担,调查时间是20××年7月至8月,调查方式为问卷式访问调查,本次调查选取的样本总数是2000户,其中有效样本户为1758户。各项调查工作结束后,该大学将调查内容予以总结,其调查报告如下:

一、调查对象的基本情况

(一) 样品类属情况

在有效样本户中,工人320户,占总数比例18.2%;农民130户,占总数比例7.4%;教师200户,占总数比例11.4%;机关干部190户,占总数比例10.8%;个体户220户,占总数比例12.5%;经理150户,占总数比例8.53%;科研人员50户,占总数比例2.84%;待业户90户,占总数比例5.1%;医生20户,占总数比例1.14%;其他388户,占总数比例22.1%。

(二) 家庭收入情况

本次调查结果显示,从本市总的消费水平来看,相当一部分居民还达不到小康水平,大部分的人均收入在1000元左右,样本中只有约2.3%的消费者收入在2000元以上。因此,可以初步得出结论,本市总的消费水平较低,商家在定价的时候要特别慎重。

二、市场营销调查报告——专门调查部分

(一) 酒类产品的消费情况

1. 白酒比红酒消费量大

分析其原因,一是白酒除了顾客自己消费以外,用于送礼的较多,而红酒主要用于自己消费;二是商家做广告多数是白酒广告,红酒广告很少。这直接导致白酒的市场大于红酒的市场。

2. 白酒消费多元化

① 从买白酒的用途来看,约52.84%的消费者用于自己消费,约27.84%的消费者用于送礼,其余的是随机性很大的消费者。

买白酒用于自己消费的消费者,其价格大部分在20元以下,其中10元以下的约占26.7%,10～20元的占22.73%;从品牌上来说,稻花香、洋河、汤沟酒相对看好,尤其是汤沟酒,约占18.75%,这也许跟消费者的地方情结有关。从红酒的消费情况来看,大部分价格也都集中在10～20元之间,其中,10元以下的占10.23%,价格档次越高,购买力相对越低;从品牌上来说,以花果山、张裕、山楂酒为主。

送礼者所购买的白酒其价格大部分选择在80～150元之间(约28.4%),约有15.34%的消费者选择150元以上。这样,生产厂商的定价和包装策略就有了依据,定价要合理,又要有好的包装,才能增大销售量。从品牌的选择来看,约有21.59%的消费者选择五粮液,10.795%的消费者选择茅台。另外对红酒的调查显示,约有10.2%的消费者选择40～80元的价位,选择80元以上的约5.11%。

总之,从以上的消费情况来看,消费者的消费水平基本上决定了酒类市场的规模。

② 购买因素比较鲜明。调查资料显示,消费者关注的因素依次为价格、品牌、质量、包装、广告、酒精度,这样就可以得出结论:生产厂商的合理定价是十分重要的,创名牌、求质量、巧包装、做好广告也很重要。

③ 顾客忠诚度调查表明,经常换品牌的消费者占样本总数的32.95%,偶尔换的占43.75%;对新品牌的酒持喜欢态度的占样本总数的32.39%,持无所谓态度的占52.27%,明确表示不喜欢的占3.4%。可以看出,一旦某个品牌在消费者心目中形成,是很难改变的,因此,厂商应在树立企业形象、争创名牌上狠下功夫,这对企业的发展十分重要。

④ 动因分析。主要在于消费者自己的选择,其次是广告宣传,然后是亲友介绍,最后才是营业员推荐。不难发现,怎样吸引消费者的注意力,对于企业来说是关键,怎样做好广告宣传,消费者的口碑如何建立,将直接影响酒类市场的规模。而对于商家来说,营业员的素质也应重视,因为其对酒类产品的销售有着一定的影响作用。

(二)饮食类产品的消费情况

本次调查主要针对一些饮食消费场所和消费者比较喜欢的饮食进行,调查表明,消费有以下几个重要特点:

① 消费者认为最好的酒店不是最佳选择,而最常去的酒店往往又不是最好的酒店。消费者最常去的酒店大部分是中档的,这与本市居民的消费水平是相适应的,现将几个主要酒店比较如下:

泰福大酒店是大家最看好的,约有31.82%的消费者选择它,其次是望海楼和明珠大酒店,都是10.23%,然后是锦花宾馆。调查中我们发现,云天宾馆虽然说是比较好的,但由于这个宾馆的特殊性,只有举办大型会议时使用,或者是贵宾、政府政要才可以进入,所以调查中作为普通消费者的调查对象很少会选择云天宾馆。

② 消费者大多选择在自己工作或住所周围的餐饮场所,有一定的区域性。虽然在餐饮场所的选择上有很大的随机性,但也并非绝对如此,例如,长城酒楼、淮扬酒楼,也有一定的远距离消费者惠顾。

③ 消费者追求时尚消费,如:对手抓龙虾、糖醋排骨、糖醋里脊、宫爆鸡丁的消费比较多,特别是手抓龙虾,在调查样本总数中约占26.14%,以绝对优势领先餐饮类市场。

④ 近年来,海鲜与火锅成为市民饮食市场的两个亮点,市场潜力很大,目前的消费

量也很大。调查显示,表示喜欢海鲜的占样本总数的 60.8％,喜欢火锅的约占 51.14％;在对季节的调查中,喜欢在夏季吃火锅的约有 81.83％,喜欢在冬天吃的约为 36.93％。火锅不但在冬季有很大的市场,在夏季也有较大的市场潜力。目前,本市的火锅店和海鲜馆遍布街头,形成居民消费的一大景观和特色。

点评:

这是一篇市场分析调查报告。它符合调查报告的格式规范,调查内容针对性强,有数据、有分析、有结论,为读者认识这一现象提供了第一手资料。

◎ 知识概述——【学一学】

一、什么是调查报告

调查报告是帮助我们深入掌握和研究某种情况的重要参考资料。对某一件事、某一个情况、某一经验或问题经过细致实地的调查,将调查到的全部情况和材料进行科学分析,总结出经验,揭示出本质,按照规范式结构要求写出报告,就是调查报告。

用事实说话,这是调查报告的生命。

二、调查报告的基本结构

首先拟一个标题。标题要把做什么调查直接写出来,让人一目了然。比如:"关于'加盟星巴克优势'的调查报告"。

然后把调查产生的背景说一下:为什么会有这样一个调查。同时把调查的基本情况说一下。

接下来把调查的内容通过数据展示出来,最后对数据进行分析,得出结论。

让我们从【读一读】的案例中了解一下市场分析。

市场分析报告也是调查报告的一种。市场分析是要对企业市场环境的客观情况去调查、分析、研究一番,弄清事物发生的时间、地点、背景、过程和结果等。"报告"则是把从市场调查所得到的数据加以整理,经过分析、综合,阐明它的意义,报告给有关部门和读者。

那么市场调查需要调查些什么内容呢?

1. 从调查市场需求入手

要了解产品的基本内容、人们对产品的需求程度、需求量有多大、其他人有无相同的项目、市场占有率是多少等。

2. 顾客情况调查

要了解原有顾客情况、潜在顾客情况等。

3. 顾客分析

要分析顾客是什么层次的人群;这些人想得到哪方面的需求(心理满足、对产品的安全认可度、价格需求等等);新项目为什么能较好满足某些方面的需求;顾客的分类情况调查(人数有多少、分布疏密怎样、文化层次如何);是否有目标客户,如果有,则需掌握客户的基本情况、联系电话等;另外还有顾客采购方式、消费特点、购买心理、使用习惯等。

4. 单位情况分析

包括产品进货渠道、采购管理模式、项目负责人、产品授权范围、联系方式等。

5. 市场销售策略调查

包括促销手段、广告设计等。

三、调查报告的写作方法

1. 系统分析法

事物的环境是一个多要素、多层次组合的系统,运用系统分析的方法进行事物环境分析,可以使研究者从事物整体上考虑发展战略,用联系的、全面的和发展的观点来研究事物的各种现象,从而得出正确的结论。

2. 比较分析法

比较分析法是把两个或两类事物的资料相比较,从而确定它们之间相同点和不同点的逻辑方法。对一个事物是不能孤立地去认识的,只有把它与其他事物联系起来加以考察,通过比较分析,才能在众多的属性中找出本质的属性。

3. 演绎分析法

演绎分析法就是把事物整体分解为各个部分、方面、因素,形成分类资料,并通过对这些分类资料的研究分别把握特征和本质,然后将这些通过分类研究得到的认识联结起来,形成对市场整体认识的逻辑方法。

4. 案例分析法

所谓案例分析,就是以典型的成果作为例证,从中找出规律性的东西。它来源于实践,又高于实践,用案例分析法分析事物,具有说服力。

5. 定性与定量分析结合法

任何活动,都是质与量的统一。进行事物调查,必须进行定性分析,以确定问题的性质;也必须进行定量分析,以确定事物活动中各方面的数量关系,只有使两者有机结合起来,才能做到不仅对问题的性质看得准,又能使活动数量化,结论才会有一定的精准性。

 指点迷津——【说一说】

×××学校关于上海市商务外语中等专业人才需求的调查报告

背景描述:现在我国各类企事业单位对外交流日渐频繁,对外语类人才的需求与日俱增。但有资料显示,尽管我国有数亿人学英语,但高端外语人才奇缺。市场普通外语人才的供求趋于平衡,而懂外语又懂专业的复合型人才是目前的热门之选。

在信息时代,事物的定位要来自多方的信息,才更有接受性。为此,我们向上海地区有关单位发出了100张"关于中职商务英语专业人才需求的调查问卷",收回87张,从调查问卷中,我们看到了一些真实的数据:

1. 设置3道题来体现各类单位的资质,属于商贸性质的单位有25家,属于服务性质的单位有62家,单位规模超过100人的有54家。

分析：14个不同行业的87家单位的人事、主管接受了调查，由此，我们有理由说这次调查的广泛程度具有说服力。

2. 设置了3道题来调查单位是否有中职商务英语专业毕业生的接受力。在87家单位中，有50家单位接受了中职生，接受8名以上的单位有11家，接受4~7名的单位有10家，接受2~3名的单位有19家，接受1名的单位有10家。

分析：中职生的分配及单位的接受有一定的难度，在这近5年来，87个单位接受了243名中职生就业（数字有效估计），这为培养什么样的中职商务英语专业学生提出了一个课题。

3. 对中职商务英语专业的毕业岗位情况设置了5个选项：
① 在前台接待的　　　　　　　27，　　　　31%
② 电话专员　　　　　　　　　16，　　　　18%
③ 文员　　　　　　　　　　　25，　　　　29%
④ 文秘　　　　　　　　　　　12，　　　　14%
⑤ 其他　　　　　　　　　　　7，　　　　　8%

分析：就目前的就业情况来看，女学生从事前台接待和电话专员较多一些，由此，对外语人才的要求也就明确了技能的趋向：口语流畅表达，文案工作少许而精当。

4. 对商务英语中职生的能力评价设置了4个选项：（可多选）
① 能力强，很满意　　　　　　17，　　　　20%
② 一般，较满意　　　　　　　42，　　　　48%
③ 不太满意　　　　　　　　　12，　　　　14%
④ 不满意　　　　　　　　　　16，　　　　18%

分析：可见，大多数中职生的工作态度和工作能力深得用人单位认可。但也指出了问题，如何让中职生珍惜自己的岗位，并且将如何设置课程内容的问题提到了改革议程上来。

5. 对"毕业生存在的最大问题"设置了3个选项：
① 没有工作经验　　　　　　　41，　　　　47%
② 英语沟通能力学习欠缺　　　23，　　　　26%
③ 对业务知识条款政策的了解不足　23，　　26%

分析：这说明中职生的实践能力还有待提高。潜在的知识储备，专业知识的学习，对课程提出了质疑，用什么样的专业课程打造学生的潜能，提出了一个必须思考的问题。

6. 在商务英语专业的听写课程对毕业生的作用方面设置了4个选项：
① 通用英语　　　　　　　　　21，　　　　24%
② 接待英语　　　　　　　　　29，　　　　33%
③ 电话英语　　　　　　　　　14，　　　　16%
④ 专业英语　　　　　　　　　23，　　　　26%

分析：不同类型的单位，对英语专业的认同是不一样的，但普遍赞同英语对工作业务的重要性，也就是告诉学校关注英语教学，它会让学生打好就业基础。

7. 从业务需要的角度看，什么样的语言技能对业务有所帮助：

① 商务英语阅读　　　　　　　　12，　　　　　　　14％
② 口语　　　　　　　　　　　　55，　　　　　　　63％
③ 口译　　　　　　　　　　　　8，　　　　　　　　29％
④ 笔译　　　　　　　　　　　　7，　　　　　　　　8％
⑤ 听力　　　　　　　　　　　　3，　　　　　　　　3％
⑥ 英语函电　　　　　　　　　　2，　　　　　　　　2％

分析：无论什么专业，口语好是工作的通行证，能说会读应是中职生的基本功。在课程设置中，口语的实践应用课时应加大比例，保障学生的训练和应用实践效果。

8. 在专业课程的技能方面，认为中职生哪些资格证书在工作时作用较大：

① 英语水平认证　　　　　　　　27，　　　　　　　31％
② 课外文秘证书　　　　　　　　15，　　　　　　　17％
③ 第二外语证书　　　　　　　　10，　　　　　　　11％
④ 计算机专业能力认证　　　　　10，　　　　　　　11％
⑤ 物流　　　　　　　　　　　　10，　　　　　　　11％
⑥ 单证处理　　　　　　　　　　8，　　　　　　　　9％
⑦ 报关员　　　　　　　　　　　7，　　　　　　　　8％

分析：这再一次提出口语实践能力问题，为课程改写提供了较扎实的数据，使我们不盲目，有了针对性。

9. 对"放低学历要求，提供工作机会，中职生应具备什么条件"一项问答中：

① 责任心强，执行力好　　　　　45，　　　　　　　52％
② 有一年海外交流经历　　　　　14，　　　　　　　16％
③ 各类先进称号　　　　　　　　16，　　　　　　　18％
④ 具有某项特殊技能　　　　　　12，　　　　　　　14％

分析：这一项调查给德育课改革提供了依据。

结论：

第一，商务英语的口语教学必须加强。提醒教师要采用各种教学手段，提高学生的口语表达能力。

第二，在教授外语的同时，培养学生良好的品德是当务之急。品德好，性格好，与同事交流无障碍，是赢得就业的头等条件。

第三，商务专业知识要放在与外语教学平等的位置，市场需求的是"外语＋商务知识"的复合型人才。

第四，中职学校的外语教学要突破分科教学的框架，要形成复合型人才的学习模式，走综合实践课程的道路，让学生面向自己，面向图书馆，面向社会，面向国际，学会学习，学会生活。

第五，从调查来看，外语始终是一种交流工具并成为了就业中的高级条件，而商务技能是学生就业的主要条件。为此，在课程安排上，不能偏废商务知识与技能而过分强调外语。

思考：
① 请简要评析以上调查报告中，你最欣赏哪部分内容？

② 你认为这份调查报告哪些地方不当？需怎样修改？

任务引领——【写一写】

就班级内同学扔垃圾的情况做一个小调查，你该怎样拟写这份调查报告呢？

任务一：请为该报告拟写一个标题。

任务二：请拟写该报告的开头部分。

任务三：请拟写出几个数据进行简单分析，并得出结论。

学习要点——【想一想】

撰写调查报告应注意什么呢？

① 要用事实说话,用数据说话。
② 要有调查的真实对象、真实内容,不能虚拟数据。
③ 要有调查的结论。不能有数据,没结论。不管结论如何,都要呈现出来。

调查报告关注的问题包括:

① 要从实际出发。调查报告是通过实地调查反映实际情况的报告,所以必须从实际出发,做到真实可靠,不能凭主观想象。

② 要有针对性。调查报告是根据现实的需要,从调查某些事物中得出一个结论,为单位或上级部门提供第一手资料,所以针对性很强。

③ 要用数据说话。调查的情况要通过数据加以分析,由此得出事物的结论。

熟能生巧——【练一练】

1. 调查报告是_____

2. 调查报告的调查方法有_____

3. 调查报告应注意的几点是_____

4. 你认为调查报告的生命是什么?

5. 请就本班同学的迟到原因做一次小调查并写出调查报告。

6. 请就本班同学的消费情况做一次小调查并写出调查报告。

任务十二　意向书

情境描摹——【听一听】

益民百货与上海复兴企业(集团)有限公司、香港新世界百货有限公司等共同签署了合作意向书,就香港新世界百货有限公司承租经营巴黎春天商厦事宜达成了初步意向。按照初步意向,合作方之间必须在两个月内进一步商定并签订包括经营主体、经营方式、双方权利义务等内容的正式协议。

什么是意向书?它和合同、协议一样吗?

例文举要——【读一读】

合资兴建"×××汽车部件有限公司"意向书

××汽车配件有限责任公司(以下简称甲方)与美国××公司(以下简称乙方),通过友好协商,于20××年×月×日在×地,就"年产200万套轿车制动器总成生产线"建设项目投融资合作事宜,初步达成意向如下:

一、甲、乙两方愿以合资形式建立合资企业,暂定名为"×××汽车部件有限公司"。建设期为3年,即从20××年9月—20××年8月全部建成。

二、双方意向书签订后,即向各方有关上级申请批准,批准的时限为6个月,即20××年10月~20××年3月完成。然后由甲方负责办理合资企业开业申请。

三、项目总投资预计15000万元人民币,折合2200万美元。其中:甲方出资7650万元(以现金、工厂现有厂房、水电设施设备等折款投入,占股比51%);乙方出资7350万元(以美元现汇投入及购买进口设备,占股比49%)。

四、利润分配及亏损负担:双方按投资比例或协商比例分配及承担。

五、合资企业预期生产能力:年产200万套轿车制动器总成。

六、合资企业自营出口或委托有关进出口公司代理出口,乙方优先考虑将该产品纳入TRW全球销售体系,价格由合资企业定,或参照国际市场价格。

七、合资年限暂定为18年,即20××年3月—20××年2月。

八、合资企业其他事宜按《中外合资法》有关规定执行。

九、双方将在各方上级批准后,再行具体协商有关合资企业《章程》、签署《合资合同》等事宜。

本意向书一式两份。作为备忘录,各执一份备查。

甲方:××汽车配件有限责任公司(印)　　　　乙方:美国××公司(印)
代表:　　　(签章)　　　　　　　　　　　　代表:　　　(签章)
日期:××××年×月×日　　　　　　　　　　日期:××××年×月×日

点评：

这是一份合资建厂的意向书，格式规范，内容齐全，目标具有导向性，为下一步进行实质性、具体性的洽谈奠定了基础，是一份比较完整的合作意向书。

知识概述——【学一学】

意向书是当事人双方或多方就某一项目进入实质性谈判之前，根据初步接触所形成的表达合作意愿的文书。

意向书奠定了合作双方或多方以后实质谈判的基础，提供了基本依据，是签订合同的先导。

意向书不是正式协议，也不是合同，仅仅表示双方或多方的基本意图和愿望，要实现意向还得进一步协商，因此，意向书具有协商性、意向性和临时性的特点。

意向书的一般写作结构主要包括标题、前言、正文、结尾四个部分。

① 标题，既可直书"意向书"三字，也可在"意向书"前标明项目名称，如："合资建立五十万吨水泥厂意向书"；还可以在合作项目前表明合作双方的名称，如："××乡人民政府和××公司合作经营××度假村意向书"。

② 前言，一般要写明签订意向各方的全称，双方磋商的时间、地点、议题等简要情况，以及经过磋商后达成的意向，即本着什么原则，建立什么项目。为便于正文表述，签订意向书单位名称后可用括号注明"以下简称甲方（或者乙方）"。前言和正文之间常用"经友好协商，现达成以下意向"等语句过渡。

③ 正文，一般以条款的形式表述合作各方初步协商后达成的具体意向，可以参照合同或协议的条款排列，其基本内容大体包括：项目名称和计划规模；投资方式及投资比例；利润分配及亏损责任的分担；合营期限；双方的权利和义务等。各项条款之间的界限要清楚，内容要相对完整。对未尽事宜需在正式签订合同或协议时予以补充，留有余地，语言力求平和。

意向书的内容有的可能比较笼统，有的可能比较具体，这取决于双方当事人在协商时的态度。一般说来，当事人双方对项目的合作兴趣越大，其意向就越容易达成一致，洽谈时内容可能就更具体一些。

④ 结尾，应写明意向书的份数及保存方式、当事人（单位）和代表姓名并盖章签字，同时注明签订日期。

指点迷津——【说一说】

以下是一份意向书正文部分中的几项条款，你认为哪里需要修改？

> ……
> 一、合资企业名称暂定为"东申实业有限公司"，地址拟定在××市××路×号。
> 二、生产经营范围和规模：
> 1. 范围：从事各种玻璃制品的生产、销售。
> 2. 规模：年产500吨玻璃制品，项目达到生产能力后，年产值预计可达600万元人民币，年利润100万元人民币。

三、投资金额及分成比例：建厂总投资为350万元人民币，流动资金为200万人民币，投资比例为甲方占60%，乙方占40%，按投资比例分享利润和分担风险及亏损。

四、原材料及产品销售……

五、生产设备、技术和质量……

六、生产场地和厂房租赁……

七、合资经营期限……

八、……

九、本意向书生效后，如因故发生违约，双方必须严格遵守意向书的各项条款。

十、任何一方在未经协商的前提下不得违约，否则，违约方将承担全部责任。

任务引领——【写一写】

上海华能贸易公司与常州本易食品厂于2015年8月7日和9月8日，先后两次在江苏常州福临宾馆就合资兴建食品加工厂的有关事宜进行了磋商，初步达成合作意向。

任务一：请你为该意向书拟写标题。

_____

任务二：请拟写该意向书的前言部分。

_____

_____

任务三：请根据意向书的写作要求，补充正文相关条款内容。

一、_____1_____

二、双方拟定投资总额为120万元（人民币）。其中乙方出资72万元，以现有厂房6700平方米、车间6栋、办公楼1座、配电间1座和其他生产生活设施等折款入股；甲方以现金48万元入股，一次性资金注入。甲乙双方出资比例分别为40%和60%。

三、合资企业专门从事肉类罐头、果蔬类罐头、速冻方便食品的加工、销售和研发，投产后的产品，基本实现在国际市场销售，预计年生产规模80万吨。

四、_____2_____

五、双方拟订合作期限为10年，从2016年2月至2026年1月止。合作期满后，其固定资产的残值归乙方所有。

六、具体申报事宜由乙方负责；加工厂厂区的整体规划、附属设施的配套建设等具体事宜由双方协商处理。

七、_____3_____

任务四：请为该意向书补充结尾。

学习要点——【想一想】

意向书撰写时应注意些什么呢？

① 意向书内容不像合同、协议书那样带有鲜明的规定性和强制性，而是具有互相协商的性质，因此，写作上应注意语言要相对比较平和，行文中多用商量的语气，多用"拟"、"暂定"、"希望"、"初步商定"等商洽性的词语，一般不要随便使用"必须"、"应"、"否则"等词。

② 撰写意向书时对关键性问题不宜贸然做出实质性承诺，以免被动。不要写有违政策法规的内容，也不要承诺属于上级部门和其他部门才能解决的问题。

③ 意向书经双方签字后，有一定的约束力，但并不具有法律效力，这与协议、合同的执行具有法律强制性是不同的，所以在正文部分不写违反约定应该承担什么相应责任的条款。

熟能生巧——【练一练】

一、填空题

1. 意向书是当事人双方或多方就某一项目进入实质性谈判之前，根据初步接触所形成的表达_____的文书。

2. 意向书具有互相协商的性质，因此，写作应注意语言要相对比较_____，行文中多用_____的语气，多用"_____"、"_____"、"希望"、"初步商定"等商洽性的词语，一般不要随便使用"必须"、"应"、"否则"等词。

二、问答题

请阅读下面一份意向书，并回答文后的问题。

联办综合服务公司意向书

××市化工厂(以下简称甲方)和××公司(以下简称乙方)于××××年×月×日在××地就创办联营综合服务公司的问题进行了初步协商。根据双方需要,为更合理利用双方优势,提高经济效益和社会效益,双方在平等互利的基础上达成如下意向:

一、联营综合服务公司在创建之初的生产经营项目主要有:一是利用甲方在生产过程中产生的废渣石灰生产煤渣砖;二是代客户运输。

二、甲方提供运输工具载重车数辆给联营企业,按月收取适当的租用费。乙方提供土地一块给联营企业,按月收取适当的租用费。乙方一并提供综合服务公司所需的生产人员。

三、此联营项目投资总额估计十余万元(包括基建、厂房、设备及流动资金)。甲方投资比例约七成,乙方投资比例约三成,实现的利润按投资比例分成。

四、综合服务公司是具有法人资格、实行独立核算、自负盈亏的企业。

五、双方各派代表若干组成筹建小组,具体负责筹建工作。筹建小组应于明年春完成可行性研究并提交工作方案。

六、有关具体问题双方在进行可行性研究后进一步协商。

本意向书一式四份,双方各执两份。

甲方:××市化工厂(印)	乙方:××公司(印)
甲方代表:(签章)	乙方代表:(签章)
××××年×月×日	××××年×月×日

1. 例文正文部分采用了什么形式?

2. 例文体现了意向书的哪些特点?

任务十三　策划书

情境描摹——【听一听】

现实生活中,在确定未来举行某个活动或进行某项投资等事项前,为了更好地取得预计的效果,往往需要先对该活动或事件进行策划,并用文本形式展现出来,以赢得读者的信任,这就需要拟一份策划书。

例文举要——【读一读】

"××"饮料市场营销策划书

第一部分　营销现状分析

一、今夏饮料市场竞争激烈,运动饮料和功能饮料成为今夏的流行主角

饮料销售旺季即将来临,各大饮料巨头都意欲在功能饮料市场大显身手:康师傅今年力推的运动饮料"劲跑×"日前在重庆上市,汇源的"他+她"营养素水、娃哈哈的功能型饮料"××"也都摆上各大货柜,农夫山泉的功能型饮料"尖叫"预备近日全面上市。这些饮料巨头都无一例外地宣称,功能饮料除了解渴,还能给人体提供养分及活力。

目前,国内冠以"运动饮料"的产品不少,有"健力宝"、"红牛"、"舒跑"等等。去年乐百氏依靠"脉动"赚了个钵满盆满,眼看饮料销售旺季就要来临,各大饮料巨头明里暗里厉兵秣马,意欲在功能饮料市场大显身手。作为先行者的"脉动"自然不甘落后,在今年4月5日,不惜高价请来李连杰做形象代言人,以强化其品牌形象。

农夫山泉今年力推的功能饮料"尖叫"日前正在北京紧锣密鼓地铺货,预计月底在北京全面上市。据养生堂公司的广告总监透露,公司方面本来准备最近几天以广告宣传配合,后因广告拍摄不合格,遂决定重拍,"但这个月末'尖叫'广告将会大张旗鼓地亮相。"而就在不久前,汇源力捧的"他+她"营养素水、娃哈哈的功能饮料"××"也都摆上各大货柜。一场功能饮料大战将进入短兵相接的阶段。

二、今夏饮料市场的特点

1. 打出了"活性维生素"和"时尚"的招牌;
2. 概念饮料;
3. 以时尚命名进入市场,以奇制胜。

三、对策

面对如此竞争,"××"只有以奇制奇,积极主动,加大营销宣传。为了能在今夏的饮料市场中站住脚,取得一定的市场份额,分得一块蛋糕,我们将采取一系列的营销活动。

第二部分　市场细分与目标市场

一、饮料市场概况

1. 根据国际饮料行业协会的规定,功能性饮料是指具有保健作用的软饮料。

2. 目前市场上销售的软饮料主要分为碳酸饮料、乳品饮料、果汁饮料、茶饮料和功能饮料五大类。

3. 前四种饮料大战早已轮番上演，今年功能饮料重装上阵。

根据新生代调查数据显示，最近三年来，一直稳居饮料业榜首的碳酸饮料开始呈现渐行下滑趋势；与之紧步相随的是，果汁饮料的地位开始上升，并于近两年提速超越了瓶装水饮料，夺得饮料业次席；茶饮料发展势头强劲，最近表现出强烈的上攻欲望，市场份额直逼位列行业老三的瓶装水；另外，一直处于饮料市场边缘的功能性饮料，现在也有显著的升温迹象，引得娃哈哈、乐百氏和汇源等饮料巨头纷纷涉水。

如果说去年功能饮料市场的竞争还主要集中在红牛、佳得乐、广州怡冠、乐百氏、脉动这几个饮料巨头身上，那么今年的竞争显然已是一片混战。娃哈哈"××"、养生堂"尖叫"、汇源"他＋她"已在年初相继上市，深圳东鹏"三活水"、昆明港龙乳品"酷动"、唐山四通的"心动时代"等一些地方性品牌紧随其后。

但在新出现的部分功能饮料产品身上，明显看到了模仿与跟风的痕迹，产品的瓶型、口感及产品名称书写方式似乎都在刻意模仿去年销售火爆的"脉动"。广告说明书、软文也大同小异。

二、功能性饮料市场分析

2000年，世界功能饮料市场销售额达47亿美元，到2007年预计将增加到120亿美元。与世界发达国家相比，目前我国功能饮料的人均消费量每年仅为0.5千克，距离全世界人均7千克的消费量尚有较大空间，因此可以断定，中国的功能饮料市场前景看好。目前全球功能饮料市场格局为：运动饮料68%、营养素饮料25%、其他7%。面对一个如此诱人的市场，中国众多饮料企业都开始尝试进行产品研发与推广，但是新产品上市，炒热市场之前必然要先"教育"市场，因此，这些年的功能饮料市场不温不火。

××年那场"非典"疫情，不但让消费者发现了提高身体免疫力的重要性，也让企业终于轻松找到了打开功能饮料市场的钥匙，所有饮料市场的努力在那一刻都得到了回报。市场消费热情空前高涨，许多产品出现了供不应求的状况，尤其是在"非典"最为紧张时期，上市不久的乐百氏"脉动"维生素水迅速脱销，仅一个月的时间在全国销售额达1个亿。而在这时，"××"若想要在功能饮料市场占据一席之地，就必须寻找差异化，寻找个性化，避免与"脉动"发生正面冲突，方可成功。

三、消费者分析

个性化的需求是在大众日用消费品日趋高度同质化的今天，经常被人们强调的话题，饮料亦然。

年龄在15—29岁之间的群体是饮料市场消费的核心主力，他们的消费特征决定着饮料市场的消费趋势。据零点调查的一项针对青少年的产品测试的调查数据显示，青少年群体对品牌本身的敏感性并不强，在大部分产品领域，他们会仅凭产品的外观魅力和品牌特性就完成对新的产品或服务的购买，这一部分群体几乎占到了总样本量的61.1%。

青少年消费行为及心理的调查结果也证明,青少年群体追求新颖时尚、追求个性化、注重感情和直觉,冲动性购买色彩强烈。一旦感觉良好,他们就会产生积极的购买情绪,从而迅速地做出购买决策。

诸如此类的种种调查都近乎一致地说明了一点:感性消费是饮料消费的主流。究竟有多少人认识功能饮料?又有多少人接受这种产品?业内人士表示,功能饮料对于消费者来说,还需要一定的时间才能逐步被接受。另外,今年功能饮料市场将是混战和洗牌的一年,长则一年,短则半年,就能看出结果。大学生通常是饮料企业推广新产品的最初选择目标。随机调查了20位在校大学生,其中有9人能清晰地给出功能饮料的定义,1人对功能饮料的定义不清晰,其余10人均称完全不了解功能饮料。看来,厂家和商家要做的宣传工作还很多。调查中发现,大学生的饮用习惯还集中在果汁饮料和纯净水上,这表明功能饮料市场目前还十分有限,消费者的饮用习惯还很难在短时间内被影响。另外,毕竟是对人体有直接保健作用的成分,因此,消费者不会像购买纯净水或果汁饮料那样不计较品牌。尝新试奇的思想只能在初期发生,以后会在适应某品牌的功能饮料后就可能成为其忠实消费者。"××"在今后的发展中,只有靠品牌及品质双重保障才能长远立足。

第三部分 营销策略

一、产品定位

1. 定位依据。

功能性饮料按照细分标准可以分为下面几类:

(1) 多糖饮料功能:调节肠胃,降低食欲。

适宜人群:便秘患者、减肥人群。

(2) 维生素饮料、矿物质饮料功能:补充多种营养成分。

适宜人群:维生素饮料适合所有人;矿物质饮料,尤其是含抗疲劳成分的矿物质饮料,只适合容易疲劳的成人,儿童不宜。

(3) 运动平衡饮料功能:降低消耗,恢复活力。

适宜人群:体力消耗后的各类人群,儿童不宜,高血压病人慎用。

(4) 低能量、益生菌饮料功能:帮助美容,养颜有方。

适宜人群:益生菌饮料适合消化不良的人,尤其是老人;低能量饮料适合身体比较肥胖的人。

2. 产品功能定位。

"××饮料"定位在维生素功能性饮料,它含有丰富的维生素 C、E、B3、B5、B12、PP 等,另外还添加了天然瓜拉纳提取物,维持人体的正常发育,适用于各类人群,其中含有的抗氧化成分能清除体内垃圾,起到抗衰老作用。

3. 产品命名、产品包装和其他市场一样。

二、价格定位

饮料市场的核心主力是年龄在 25—29 岁之间的群体,其中大学生在这一群体中占据很大的比重,在价格方面,大学生对功能饮料的价格接受程度在 3 元以内。"××"在江西市场采用的价格为 2.5 元每瓶,消费者容易接受,又不缺乏利润。

三、促销方案

第一期:广告宣传、校园推广(免费试喝、篮/足球赛)。

时间:2004年5月~6月底。

第二期:广告宣传、社会推广、公关活动。

时间:2004年7月~9月底。

具体安排如下:

第一期:

1. 广告宣传策略。

"××"现在的电视广告代言人是著名歌手×××。他健康、青春、活力的形象很好地向消费者传达了"××"饮料的功能形象。明星效应有一定的影响力。为了更好地在市场上占有一席之地,策划了新广告。不起用明星,选择一群年龄在18~25岁的年轻人来担当广告的主角。

(1) 广告诉求点:更好地反映"××"是维生素功能型运动饮料,它的功能是在运动后迅速解渴并且补充运动后体内流失的矿物质和维生素,迅速帮助运动后的人们恢复体力和活力。

(2) 广告语:激扬青春,活力再现,运动后你最佳的选择——"××"维生素饮料。

(3) 广告画面:一群年轻人在进行足球比赛,一开始很尽兴,大家都非常有活力,但是突然天色变暗,不一会儿就下起了倾盆大雨,运动员被淋湿了。大家面带不悦,球也不踢了,都躺在湿漉漉的球场上。话外音:没有活力了吗?累了吗?接着,一个队员拿起一瓶"××"饮料,大口大口地喝(注意:在喝时要突出咕咕的声音,表明很口渴),喝完后立即恢复了活力,跳了起来,精神了起来,其他运动员惊讶地看着他,接着每个人都轮流喝刚才的"××"饮料。场面热烈起来,此时的音乐是激昂的、运动的。大家表现出已经恢复体力、充满力量、精神很好的状态,此时天也放晴了,众人齐欢呼:"××,让我活力再现。"话外音:"迅速补充体内维生素,运动后你最佳的选择——××维生素功能饮料"。

(4) 广告播出时间:每天在体育频道的体育新闻后播出,一天两次。

2. 校园推广活动。

(1) 背景介绍:5月到6月正是各大高校毕业生返校的时间,而且准备离开校园了。我们和南昌的××财经大学、××交通大学、南昌××大学的校体育部联系,策划一次"××"杯毕业生篮/足球比赛,让快离开校园的大四学生重温和同窗一起在球场欢呼和拼搏的经历,为他们在大学的生活增添一次美好的回忆。

(2) 活动宣传口号:珍惜青春,和你的朋友再来一场篮/足球比赛吧——"××"杯篮/足球赛。

(3) 针对的对象:三大高校的大四毕业生为主,其他年级的同学也可以组队报名参加。

(4) 活动内容:报名时间定于2004年5月29日、30日。报名地点定于三大高校的校体育部、试喝点。赛制为淘汰赛,最后两支队伍进行冠军争夺赛。"××"为胜利的队伍赠送一箱"××"饮料,赞助租场费。

(5) 辅助宣传:在报名比赛期间,"××"饮料同时在三大高校进行促销活动,主要是在高校的主要食堂里设有试喝点,每个试喝点配有两箱"××"饮料和两名促销员。试喝点挂上宣传横幅,宣传语——"××"杯篮/足球赛期待你的参加,并且在试喝点附有活动的具体安排表和报名表,方便学生取阅。

第二期:

1. 广告宣传策略。

在前一期的广告宣传中,广大的消费者已经对"××"饮料有了一定的了解和认识,对"××"这个牌子的饮料已经不再陌生,此时的广告应该侧重向消费者传递产品的情感性利益,功能性的广告宣传转为次要宣传。

(1) 广告诉求点:"××"是维生素功能型运动饮料,它所要表达的是青春、活力、追逐时尚的情感,是年轻一代的最新选择。此广告的策划围绕着友谊、挑战、成功等要素来创作。

(2) 广告语:××饮料,给你友情般的鼓励。

(3) 广告画面:几个年轻人在进行攀岩比赛,每个人都信心十足,勇敢地向上攀岩,画面聚焦到一个年轻人,此人汗流浃背,气喘吁吁,但是眼神坚定,顽强不屈,表现出要登上顶峰的勇气和毅力,在快到顶峰时,突然滑了一跤,落后于其他的竞争对手,他已经精疲力竭,准备放弃的时候,旁边的队友递给他一瓶"××"饮料,并且用眼神传递支持和鼓励。他喝了"××"后,用感激的眼神望着他的队友,然后一鼓作气快速攀岩,超越了其他的竞争对手,取得了胜利。最后的画面是他和他的队友在顶峰处高举"××"饮料,表现出获得胜利自豪、自信的样子。这时大喊广告语:"××,给你友情般的鼓励。"

(4) 传播媒体:体育频道。

2. 社会活动。

(1) 活动背景:随着广告的播出,我们将在2004年7月组织一次爬梅岭登山活动。此时正值各大高校学生放暑假的时期。

(2) 活动宣传时间:2004年6月中旬开始宣传,接受参赛者的报名,登山活动时间在7月。

(3) 活动安排:6月底整理报名人员的名单并将他们分组,组织他们进行比赛,最先到达山顶的15名参赛者可以免费获得一张奖券,凭奖券可以到指定商场免费领取一箱"××"饮料,并且还能获得一张月底在江西电影院上映的某大片的电影票。

3. 娱乐活动。

请"××"饮料电视广告代言人来南昌举行签名售新专辑活动,此次活动由"××"饮料赞助。

经费预算如下表所示:

第一期广告费用		60000元
赞助篮/足球赛		2000元
横幅	10条	100元
宣传单	200份	100元

(续表)

报名表	100 张	50 元
第二期广告费用		80000 元
梅岭登山活动		3000 元
电影票	15 张	300 元
共计		145550 元

点评：

这是一份比较详尽的企业商品营销策划书。不难发现，在里面包含了广告策划和活动策划的内容。广告策划和活动策划为整个营销策划服务，达到企业宣传商品、树立品牌、抢占市场的目的。

知识概述——【学一学】

策划书是对某个未来的活动或事件进行策划，并展现给读者的文本。撰写策划书就是用现有的知识激发想象力，利用可以得到的资源，尽可能最快地实现目标。

策划书一般有商业策划书、创业计划书、广告策划书、活动策划书、营销策划书、网站策划书、营销型网站策划书、项目策划书、公关策划书、婚礼策划书、医疗策划书等。

下面对营销策划书、广告策划书和活动策划书进行重点介绍。

一、营销策划书

营销策划分为营销策划市场细分、产品创新、营销战略设计及营销组合 4P 战术等四方面内容。营销策划首先要确定营销概念，其次是在营销理念的基础上进行策划。营销策划是根据企业的营销目标，以满足消费者需求和欲望为核心，设计和规划企业产品、服务、创意、价格、渠道、促销，从而实现个人和组织的交换过程的行为。好的营销策划能成为企业创名牌、迎战市场的决胜利器。

1. 书写营销策划书的步骤

（1）构建营销策划书的框架。

在书写策划书之前，先用因果关系图（也称树状图）将有关概念和框架汇集于一张纸上，以描述策划的整体构想，其目的在于将核心问题、内外环境因素，以及解决问题的思路清晰地展示出来。

（2）整理资料。

在汇集资料时，应先对资料加以整理、分类，再按照营销策划书的框架顺序一一列入，绝对不允许将无关紧要的资料硬塞进策划书中。在进行资料整理前，要进行充分的市场调研，把握好市场最新消息，并确保资料属实，那样更具说服力。

（3）版面设计。

确定版面的大小；每页标题的位置；在版面中的哪个位置放置文本；哪个位置安放图片；确

定页码的位置与设计;目录的设计排列不应一成不变,防止刻板老套;多运用图表、图片、插图、曲线图以及统计图表等,并辅之以文字说明,增加可读性。版面设计尽量做到形象具体,也要有所创新,有自己的特色。

在标题前加上统一的识别符号或图案作为策划内容的视觉识别。

自行设计的文字符号将会产生意想不到的效果,应适当加以应用。

标题可以分为主标题、副标题、标题解说等,通过简练的文字使策划书的内容与层次一目了然。

版面内容包括封面、目录、前言、规划目标、情景分析、方案说明、使用资源、预期效果及风险评估、策划摘要、策划背景、动机、策划内容、实施的日程计划等。

2. 营销策划书的内容

(1) 封面。

① 策划书的名称;

② 被策划的客户;

③ 策划机构或策划人的名称;

④ 策划完成日期及本策划适用时间段。

(2) 前言。

简单介绍委托情况,策划目的、意义,以及策划的概略情况。

(3) 目录。

设置目录,方便阅读者查阅。

(4) 概要提示。

阅读者通过概要提示,可以大致理解策划内容的要点。

(5) 正文。

这里以一般整体策划书为例做简单介绍。

① 营销策划的目的。如:企业开张伊始,尚无一套系统营销方略,因而需要根据市场特点策划出一套营销计划。

② 企业背景情况分析。

③ 营销环境分析。

首先,对当前市场情况及市场前景进行分析,包括:

● 产品的现实市场及潜在市场的情况。

● 市场成长情况——产品当前处于市场生命周期的哪一阶段。对于不同市场阶段上的产品,公司营销的侧重点在哪里,相应的营销策略效果怎样,需求变化对产品市场会有怎样的影响,等等。

● 消费者的接受性,这一内容需要策划者凭借已掌握的资料来分析产品的市场发展前景。

比如,在我国台湾一品牌漱口水"'德恩耐'行销与广告策划案"中,策划者对该产品进入市场风险的分析、对产品市场反映的判断颇为精彩。策划书中写道:以同类产品"李施××"的良好业绩说明"德恩耐"进入市场风险小;另一同类产品"速××"上市受到消费者普遍认可,说明"李施××"有缺陷;漱口水属个人清洁护理用品,市场大;随着人们生活水平提高,中、上消费阶层增多,可见其将来市场的发展趋势乐观。

其次,对产品市场的影响因素进行分析,主要是对影响产品的不可控因素进行分析,如:宏观环境、政治环境、居民经济条件、消费者收入水平、消费结构的变化、消费心理等。对一些受科技发展影响较大的产品(如:计算机、家用电器等)的营销策划中还需要考虑技术发展趋势的影响。

④ 市场机会与问题分析。营销方案是对市场机会的把握和策略的运用,因此分析市场机会就成了营销策划的关键。只要找准了市场机会,策划就成功了一半。

首先,针对产品当前营销现状进行问题分析。一般营销中存在的具体问题表现为多方面:企业知名度不高或形象不佳,影响产品销售;产品质量不过关或功能不全,被消费者冷落;产品包装太差,提不起消费者的购买兴趣;产品价格定位不当;销售渠道不畅,或渠道选择有误,使销售受阻;促销方式不对,使得消费者不了解产品;服务质量太差,令消费者不满;售后保障缺乏,消费者购后顾虑多;等等。

其次,针对产品特点分析优、劣势。从问题中找劣势予以克服,从优势中找机会,发掘市场潜力;分析各目标市场或消费群特点,并进行市场细分,对不同的消费需求尽量予以满足,抓住主要消费群作为营销重点;找出与竞争对手的差距,把握、利用好市场机会。

⑤ 营销目标。营销目标是指在营销目的、营销任务的基础上企业要实现的具体目标。比如,在营销策划方案执行期间,经济效益目标达到:总销售量为××万件,预计毛利为××万元,市场占有率实现××。

⑥ 营销战略(具体营销方案)。

第一,确定营销宗旨。一般企业可以注重这样几方面:以强有力的广告宣传攻势顺利拓展市场,为产品准确定位,突出产品特色,采取差异化营销策略;以产品的主要消费群体为产品的营销重点;建立起"点广面宽"的销售渠道,不断拓宽销售区域;等等。

第二,确定产品策略。通过前文产品市场机会与问题分析,提出合理的产品策略建议。

第三,确定价格策略。普遍性原则包括:拉大批零差价,调动批发商、中间商的积极性;给予适当数量折扣,鼓励多购;以成本为基础,以同类产品价格为参考,使产品价格更具竞争力。若企业以产品价格为营销优势,则更应注重价格策略的制定。

第四,确定销售渠道。产品当前销售渠道状况如何,对销售渠道的拓展有何计划,采取一些实惠政策鼓励中间商、代理商的销售积极性或制定适当的奖励政策。

第五,确定广告宣传。包括:

- 原则化:服从公司整体营销宣传策略,树立产品形象,同时注重树立公司形象。
- 长期化:广告宣传的商品个性不宜多变,否则消费者会不认识商品,这样反而使老客户也觉得陌生。所以,在一定时段上应推出一致的广告宣传。
- 广泛化:选择广告宣传媒体多样化的同时,注重选用宣传效果好的方式。
- 不定期地配合阶段性的促销活动,掌握适当时机,及时、灵活地进行,如:重大节假日、公司有纪念意义的活动等。

第六,具体行动方案。根据策划期内各时段特点,推出各项具体行动方案。行动方案要细致、周密,操作性强,又不乏灵活性。还要考虑费用支出,一切应量力而行,尽量以较低费用取得良好效果为原则。尤其应注意季节性产品淡、旺季营销的侧重点,抓住旺季营销优势。

第七,策划方案的各项费用预算。这一部分记载的是整个营销方案推进过程中的费用投入,包括营销过程中的总费用、阶段费用、项目费用等,其原则是以较少投入获得最优效果。

第八,方案调整。这一部分是作为策划方案的补充部分。方案在执行过程中可能出现与现实情况不相适应的地方,因此方案贯彻必须随时根据市场的反馈及时进行调整。

营销策划书的编制一般由以上几项内容构成。企业产品不同,营销目标不同,所侧重的各项内容在编制上也可有详略取舍。

(6) 结束语。

为策划书加上总结性的结束语。

(7) 附录。

如有其他补充附件,可置于附录。

二、广告策划书

广告策划书是指根据广告策划结果而写的且提供给广告主加以审核、认可的广告运动的策略性指导文件。

一份完整的广告策划书至少应包括如下内容:

1. 前言

前言应简明概要地说明广告活动的时限、任务和目标,必要时还应说明广告主的营销战略。这是全部计划的纲要,它的目的是把广告计划的要点提出来,让企业最高层次的决策者或执行人员快速阅读和了解,他们对策划的某一部分有疑问时,能通过翻阅该部分迅速了解细节。这部分篇幅不宜太长,以数百字为佳,所以有些广告策划书称这部分为执行摘要。

2. 市场分析

市场分析一般包括四方面内容:

① 企业经营情况分析;

② 产品分析;

③ 市场分析;

④ 消费者研究。

撰写时应根据产品分析的结果,说明广告产品自身所具备的特点和优点;再根据市场分析的情况,把广告产品与市场中各种同类商品进行比较,并指出消费者的爱好和偏向;还可提出广告产品的改进或开发建议。有些广告策划书称这部分为情况分析,简短地叙述广告主及广告产品的历史,对产品、消费者和竞争者进行评估。

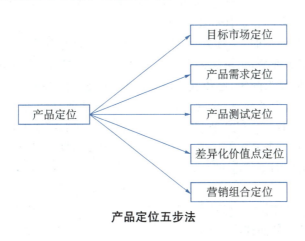

产品定位五步法

思维脉络图

3. 广告战略或广告重点

一般应根据产品定位和市场研究结果来阐明广告策略的重点,说明用什么方法能使广告产品在消费者心目中形成深刻的印象,用什么方法刺激消费者产生购买兴趣,用什么方法改变消费者的使用习惯,使消费者选购和使用广告产品,用什么方法扩大广告产品的销售对象范围,用什么方法使消费者形成新的购买习惯。有些广告策划书在这部分内容中增设促销活动计划,写明促销活动的目的、策略和设想,也有把促销活动计划作为单独文件分别处理的。

4. 广告对象或广告诉求

根据产品定位和市场研究来测算出广告对象有多少人、多少户,然后根据人口研究结果,列出有关人口的分析数据,概述潜在消费者的需求特征和心理特征、生活方式和消费方式等。

5. 广告地区或诉求地区

这部分应确定目标市场,并说明选择此特定分布地区的理由。

6. 广告策略

广告策略要详细说明广告实施的具体细节。撰文者应把所涉及的媒体计划清晰、完整而又简短地设计出来,详细程度可根据媒体计划的复杂性而定(也可另行制定媒体策划书)。一般至少应清楚地叙述所使用的媒体、使用该媒体的目的、媒体策略和媒体计划。如果选用多种媒体,则需对各类媒体的刊播及如何交叉配合加以说明。

7. 广告预算及分配

广告预算及分配要根据广告策略的内容,详细列出媒体选用情况、所需费用以及每次刊播的价格,最好能制成表格,列出调研、设计、制作等费用。也有人将这部分内容列入广告预算书中作专门介绍。

8. 广告效果预测

广告效果预测主要说明经广告主认可,按照广告计划实施广告活动预计可达到的目标。这一目标应和前言中规定的目标任务相呼应。

在实际撰写广告策划书时,上述八个部分可有增减或合并分列。例如,可增加公关计划(公关策划)、广告建议等部分,也可将最后的部分改为结束语或结论,可根据具体情况而定。

写广告策划书一般要求简短,避免冗长。要简要、概述、分类,删除一切多余的文字,尽量避免再三重复相同概念,力求简练、易读、易懂。撰写广告计划时,不要使用太多代名词。广告策划的决策者和执行者不太会在意是谁的观念、谁的建议,他们需要的是事实。广告策划书在每一部分的开始最好有一个简短的摘要。在每一部分中要说明所使用资料的来源,增加可信度。一般说来,广告策划书不要超过 2 万字。如果篇幅过长,可将图表及有关说明材料作为附录。

在撰写过程中,视具体情况,有时也将媒体策划、广告预算、总结报告等部分专门列出,形成相对独立的文案,随后分而述之。

三、活动策划书

活动策划是提高市场占有率的有效行为,一份可执行、可操作、创意优秀的活动策划案,可有效提升企业的知名度及品牌美誉度。

1. 策划书名称

尽可能具体地写出策划书名称,如"×年×月××大学××活动策划书",并置于页面中央,也可以写出正标题后将此作为副标题写在下面。

2. 活动背景

根据实际情况,可以选择不同的项目,例如:基本情况介绍、主要执行对象、近期状况、组织部门、活动开展原因、社会影响以及相关目的、动机。其次应说明问题的环境特征,主要考虑环境的内在优势、弱点、机会及威胁等因素,对其作好全面的分析,将内容重点放在环境分析的各项因素上,对过去、现在的情况进行详细的描述,并通过情况的预测制订计划。

3. 活动目的、意义和目标

应用简洁明了的语言将活动目的表述清楚,在陈述要点时,该活动的核心构成或策划的独到之处及由此产生的意义(经济效益、社会利益、媒体效应等)都应该明确写出,活动目标要具体化,并满足重要性、可行性、时效性的特征。

4. 资源需要

列出所需人力资源、物资,包括使用的地点,如教室或活动中心都应详细列出,可以列为已有资源和需要资源两部分。

5. 活动开展

作为策划书的正文部分,表现方式要简洁明了,使人容易理解,但表述要力求详尽,写出每一点能设想到的内容,在此部分中,不仅仅局限于文字表述,也可适当加入统计图表等,对策划的各工作项目,应按照时间的先后顺序排列,绘制实施时间表,有助于方案核查。人员的组织配置、活动对象、权责及时间、地点,以及执行的应变程序也应在这部分加以说明。

可参考的内容包括:会场布置、接待室、嘉宾座次、赞助方式、合同协议、媒体支持、校园宣传、广告制作、主持、领导讲话、司仪、会务服务、电子背景、灯光、音响、摄像、信息联络、技术支持、秩序维持、衣着、指挥中心、现场气氛调节等等。

6. 经费预算

根据实际情况进行具体、周密的计算后,用清晰明了的形式列出活动的各项费用。

7. 活动中应注意的问题及细节

内外环境的变化,不可避免地会给方案执行带来不确定性因素,因此,当环境变化时是否有应变措施、损失的概率有多大、可能造成的损失有多大等问题也应在策划中加以说明。

8. 活动负责人及主要参与者

注明组织者、参与者姓名、单位(如果是小组策划应注明小组名称、负责人)。

指点迷津——【说一说】

关于动漫产品的市场营销策划书

动漫文化风靡国内,动漫及周边市场越来越火爆,是现在为数不多的利润较高的行业之一。开一家经营动漫周边产品的小店,店租和第一期进货大概需花费成本 2~5 万,产品零售的利润一般在 80%~150% 左右。

在国内,大量青少年热衷于动漫文化,为发展动漫及其周边产品带来了契机。与此同时,动漫产品的销售店铺却并不是很普及,进货销售渠道也亟待完善,使得该行业的发展有了比较长远的未来。

一、销售目标

信息传播最大化、媒体覆盖最大化、经济效益最大化。

二、营销情况

1. 市场状况。

随着动漫文化风靡我国,我国青少年在喜爱动漫作品的同时,更加大了对动漫及周边产品的需求。济南地区作为山东的省会城市,喜爱动漫的青少年数量可观,动漫周边产品价格较低廉,可为青少年所接受,加之销售此类商品的店铺较少,因此利润可观。动漫周边产品以动漫的热播为宣传手段,广告宣传费用可以大幅节省。

2. 产品情况。

该类产品品种繁多,从模型、公仔、徽章到挂件、背包、CD,可以多种形式出现,且比较方便携带,可以随时显示出动漫迷对其喜爱的动漫的支持。产品价格比较低,包装也比较简便。

3. 竞争情况。

目前竞争对手比较少,竞争主要集中在同类产品不同生产者之间,但由于该类产品的生产者一般规模都较小,竞争性不大,且产品没有固定的品牌。

4. 分销情况。

以单一或连锁的动漫周边店为主要渠道,可以采用网上订货,既可以节省成本,也可以加快产品更新换代的速度,保持产品对消费者的新鲜度。

5. 宏观环境情况

该类产品的主要消费群体为青少年,中老年人购买该类产品主要是作为礼物送给自己的孩子。由于对动漫的热播,热衷于动漫的青少年对此类产品的需求会比较高。

三、SWOT 分析

1. 优势。

目前进入该产品领域的销售商家比较少,竞争相对小,商品价格比较低廉,易被人们接受。由于动漫热播,使得青少年乐于追求该类产品,市场需求充足。如果拥有自己的品牌,可以摆脱松散的宣传。

2. 劣势。

销售一般无法形成规模,无法占据过大领域。该类产品一般是手工制品,质量参差不齐,生产商也多为小企业,经不起大的风浪,且多为无品牌经营。

3. 机会。

抓住动漫在国内风靡这一时机,既能减少宣传成本,又能赢得丰厚的利润,开拓一块新市场。

4. 威胁。

看到该类商品的成本低、利润高,自然会有更多的企业及销售者来分一杯羹,增加了竞争。

四、销售策略

我们把目标市场定为济南地区的青少年,我们应当采取以下策略进行销售。

1. 宣传策略。

(1)特色定位:明确突出产品与动漫之间的一致性,使青少年群体对此类产品产生认同。

(2)区域定位:由于接受该类产品的多为学生,所以要倾向于在初中、高中学校附近开设此类店铺。

(3)宣传对象定位:主要以青少年为主,年龄特征比较明显。学生是无收入群体,经济上受到限制。

(4)可能出现的问题:店铺内购进的并不是时下青少年追求的动漫产品,使得产品滞销。

2. 营销策略。

(1)总体目标:通过一系列营销策划,提高我们品牌的知名度及消费者对我们品牌的认可度,并可以带动青少年以外的其他年龄层人群,增加产品的销售额。与制造商联合,制造特定品牌的动漫产品。

(2)阶段目标:

第一阶段,主要增加青少年对此类产品的了解及认可。此段时间预定为1个月,领域基本为城市各校园周边。可以开展多种优惠措施,引起消费者注意,使消费者对我们的品牌留下较深刻的印象。

第二阶段,使青少年对此类产品的需求有较大提高,销售额明显增加,并对我们的品牌产生依赖感。此段时间在6~12个月之间,可以将营销领域扩大至青少年高消费地区。

第三阶段,带动青少年以外的其他年龄层群体,增加他们对我们品牌的接受度和认可度,扩大消费市场。此段时间较长,关键在于如何通过宣传手段使其他年龄层更易接受动漫产品及我们的品牌。可以通过在小区中开办店铺吸引孩子注意,使家长乐意为孩子购买。

第四阶段,将品牌做大,并将影响力扩大到济南周边地区,扩大品牌影响力。

(3)宣传计划:

① 巩固品牌形象;

② 定期举行宣传活动;

③ 开展创新营销,针对所辖区域的特性进行推广宣传活动,提前报计划;

④ 开展促销活动;

⑤ 与消费者展开互动,可以结合 cosplay 进行系统宣传;
⑥ 印发动漫小知识的宣传册,使更多的孩子对动漫产品产生兴趣。

五、目标

1. 财务目标。

店铺开业一年内,将投入的成本收回,并赢取较多的利润。开业 2~3 年内,可以将投入提高到 10 万~15 万,在情况允许的条件下,可以考虑开设连锁店铺,以期达到更大收益。

2. 销售目标。

该类产品多以零散小批量的形式销售,在某部动漫热播之时,将店铺内引进的大部分与该动漫有关的周边产品销售出去,便能达到销售目标。

思考:
① 如果你是投资者,你会投资这家店铺吗?为什么?
② 这份策划书是否找到了市场营销点?对市场的分析是否准确?
③ 你觉得这份策划书还有哪些需要改进的地方?

任务引领——【写一写】

假如你要协助某汽车厂商推广一款新上市的家用轿车,你会怎样写这份营销策划书?

任务一:请为该营销策划书拟写前言。

任务二:请为该品牌车型确定市场定位和目标人群。

任务三:请为该品牌车型拟写营销策划书的正文提纲。

学习要点——【想一想】

一、营销策划书最重要的内容——5W、1H、1E

5W、1H、1E 具体包括：
① What 是指执行什么策划方案；
② Who 是指谁执行策划方案；
③ Why 是指为什么执行策划方案；
④ Where 是指在何处执行策划方案；
⑤ When 是指在何时执行策划方案；
⑥ How 是指如何执行策划方案；
⑦ Effect 是指要有看得见的结论和效果。

营销策划书90%不是为自己写的。人们在思考问题时，往往只根据自己的知识和掌握的资料得出最终的结论，而不是将整个过程整理成策划书。营销策划书是一种说服性材料，它通过使人信服的论据为提案者和接受方在营销策划的实施中提供了通用的语言。

二、营销策划书的作用

1. 准确、完整地表现营销策划的内容

营销策划书的内容是否能准确地传达策划者的真实意图显得极为重要。

2. 充分、有效地说服决策者

作为一份合格的营销策划书，首先要做到使阅读者相信，只有在此基础上才能使阅读者认同。对于一个策划者来说，首先追求的是：决策者能采纳营销策划书中的意见，然后再按营销策划的内容去实施营销方案。

三、营销策划书的写作原则

营销策划书的写作原则包括：① 逻辑思维原则；② 简洁朴实原则；③ 可操作原则；④ 创意新颖原则。

四、营销策划书的写作目标

为了实现目的，必须设定若干个目标。目的是一个超越时间的概念，很多策划人往往把目的当成目标，这样在目的不能很快实现的情况下，就容易使策划人产生挫折感。然而，如果没有明确的目的，仅仅围绕着当前的目标打转，也是不可取的，会为别人或别的企业创造机会。因此，将目的与目标混淆是非常危险的。

熟能生巧——【练一练】

请阅读以下营销策划书，完成文后的练习。

×××凉茶的营销策划书

×××凉茶是中国凉茶的领军品牌,是广东凉茶文化的代表之一。凉茶是广东、广西地区的一种由中草药熬制、具有清热去湿等功效的"药茶"。在众多老字号凉茶中,又以×××最为著名。×××凉茶发明于清道光年间,至今已有一百七十多年历史,被公认为凉茶始祖,有"药茶王"之称。到了近代,×××凉茶更随着华人的足迹遍及世界各地。

Ⅰ.市场分析

一、营销环境分析

(一)饮料市场概况

1. 市场规模。

饮料市场规模在不断增大,消费者近年来喝饮料的数量有所增加,饮料市场容量在不断地扩大,整个饮料行业市场前景看好。据有关数据显示,在1999年至2002年的饮料市场黄金成长期间,老牌瓶装水和碳酸饮料增势日疲,已连续两个年度负增长;新的功能饮料和茶饮料近两年增幅趋稳,稳中有升;增势最为明显的还数果汁饮料。

2. 市场构成。

饮品市场有碳酸饮料、瓶装饮用水、功能饮料、茶饮料及果汁饮料五大品类。

3. 市场热点。

功能性饮料将在饮料市场热卖。随着我国城市居民生活水平的不断提高,人们对饮料的消费需求也发生了明显的变化。人们喝饮料不再仅仅是为了解渴,而是希望饮料能提供如降火、美容、补充人体中必需的微量元素和健身等附加的保健功能。具有特定功能的饮料将成为今后饮料市场中又一个重要的细分市场。

(二)营销环境分析总结

1. 劣势与威胁。

(1)最大的威胁和挑战主要是来自跨国饮料品牌的"鲸吞蚕食"和本土饮料品牌之间的同质化竞争,同质化竞争态势不仅表现在产品的同质化上,也表现在广告塑造品牌形象的同质化上,从而无法有效形成品牌个性,实现市场区隔。

(2)品牌竞争白热化、品牌消费集中化以及经营理念的滞后性等因素成为制约企业发展的"瓶颈"。

(3)混合型果汁的品牌集中度最高,水、茶饮料则最低。

(4)我国本土饮料企业大多实行分散经营,规模一般比较小;区域性饮料品牌比较多,然而真正在全国饮料市场上有影响的名牌产品屈指可数。

2. 优势与机会。

(1)本土饮料企业发展初具规模并以其知名品牌获得消费者喜爱。

(2)消费者需求多元化为饮料新产品开发提供了广阔的市场空间。随着社会的进步和人们生活水平的不断提高,消费者开始更多地关注自我发展,主要表现为对饮料产品的营养是否丰富、成分是否天然健康、绿色环保和时尚品位等更高层面的心理需求。

(3)日益细分化的消费群体为饮料企业开展目标营销提供了机会。不同饮料消费群体有着不同的饮料消费需求,这些差异表现在对口味、品牌、价格、包装、促销和广告风格等一切消费者接触产品及信息的领域中,高度细分化的市场为饮料企业进行市场拓展提供了无限空间。

3. 重点。

体现×××凉茶的独特价值,建立先进的品牌经营理念和规范的运作模式。

二、消费者分析

1. 消费者的总体消费态势。

(1) 有1/4的消费者表示近两年喝饮料的数量基本上没有变化,仅有少量消费者表示近两年喝饮料的数量减少了,有近1/2的消费者表明喝饮料的数量在增加。饮料市场容量在不断扩大,整个饮料行业市场前景看好。

(2) 根据市场调查分析可以看出,喝功能性饮料的消费者越来越多,而喝碳酸饮料和瓶装水的消费者将会逐渐减少。

2. 消费者行为分析。

在影响饮料购买的众多因素中,"口味好"排名最高,比例超过50%。可见,口味是影响消费群体购买的最重要因素。其次,价格的影响也不容忽视,被列为影响购买的第二大因素。同时,品牌知名度、保质期、购买方便也成为人们购买时普遍考虑的较重要因素。另外,广告影响相当重要,包装对购买也有一定的吸引力。

三、产品分析

1. 现有饮料产品分析。

调查显示,现有饮料产品的不足主要有:①产品太多,分不清好坏;②共性太强,个性太少;③品牌杂乱;④营养成分缺乏;⑤碳酸饮料太多;⑥补充体力的饮料很少;⑦功能单一。

2. 产品生命周期分析。

各种饮料类型在市场所处阶段不同,其市场空间和拓展策略也表现出很大差异。碳酸饮料已经进入产品成熟期,品牌集中度非常高,企业可以通过扩大分销渠道和市场覆盖率来实现效益增长;果汁饮料和茶饮料均还处于产品成长期,市场空间仍然很大(现在很多地方的茶饮料消费还属于培育期,相信市场前景非常广阔)。同时,一些新兴成长的饮料类型(如:保健和运动功能性饮料等)也有望成为下一个饮料业经济增长点,目前市场上这类饮料还没有主打产品,消费需求呈现出明显的增长态势。

3. 产品的品牌分析。

饮料品牌格局日益多元,国外品牌以可口可乐和百事可乐为主,国内品牌以娃哈哈、康师傅、统一三大品牌为主。以茶饮料为例,除了康师傅、统一稳居前二,娃哈哈及众多二线品牌仍然能在主流大潮中获得收益。品牌集中度在碳酸饮料和混合型果汁饮料中最高,而在水、茶饮料中最低。

四、企业竞争情况分析

(一) 企业在竞争中的地位

×××集团是一家以香港为基地的大型专业饮料生产企业,1995年推出第一罐红色罐装×××凉茶,1999年以外资形式在中国广东省东莞市长安镇设立生产基地。在取得×××的品牌经营权之后,其×××凉茶的销售业绩连续六七年都处于不温不火的状态当中。

（二）企业的竞争对手

国内竞争对手有娃哈哈、康师傅、统一、黄振龙凉茶等；国外竞争对手有可口可乐、百事可乐等。

（三）企业与竞争对手的比较

1. 机会与威胁。

机会：在研究消费者对竞争对手的看法中，发现×××凉茶的直接竞争对手（如菊花茶、清凉茶等）由于缺乏品牌推广，仅仅靠低价渗透市场，并未形成"预防上火"的饮料定位。而可乐、茶饮料、果汁饮料、水等明显不具备"预防上火"的功能，仅仅是间接的竞争者。

威胁：在两广以外，人们并没有凉茶的概念，而且，内地消费者"降火"的需求已经被填补，大多是通过服用牛黄解毒片之类的药物来降火。做凉茶困难重重，做饮料同样危机四伏。如果放眼到整个饮料行业，以可口可乐、百事可乐为代表的碳酸饮料，以康师傅、统一为代表的茶饮料、果汁饮料更是处在难以撼动的市场领先地位。

2. 优势与劣势。

优势：在众多老字号凉茶中，以×××最为著名。×××凉茶出现于清道光年间，至今已有175年历史，被公认为凉茶始祖，有"药茶王"之称。到了近代，×××凉茶更随着华人的足迹遍及世界各地。

劣势：×××凉茶受品牌名所累，并不能很顺利地作为一种可以经常饮用的饮料让广东人接受它。而在另一个主要销售区域——浙南，消费者将×××凉茶与康师傅茶饮料、旺仔牛奶等相提并论，作为当地最畅销的产品之一，企业担心，×××凉茶可能会仅仅成为一阵来去匆匆的时尚风潮。

3. 主要问题。

×××凉茶的核心问题是没有品牌定位。

（1）企业问题诊断。

广东×××饮料有限公司在取得×××的品牌经营权之后，其×××凉茶的销售业绩连续六七年都处于不温不火的状态当中。企业希望通过拍广告来改变现状，用以促进销售。对于这种状况，企业的这种做法属于短视的战略。

企业营销存在的主要问题包括：①现有消费者对其存在认知混乱；②无法走出广东、浙南，其他地方消费者对凉茶存在认知困难；③企业宣传概念模糊。问题存在的关键原因在于企业没有明确的品牌定位。

（2）营销目标。

① 战略目标：×××凉茶作为一种功能饮料，购买×××凉茶的真实动机是用于"预防上火"；品牌定位——"预防上火的饮料"，其独特的价值在于喝×××凉茶能预防上火，让消费者无忧无虑地尽情享受生活。

② 营销目标：×××凉茶是在饮料行业中竞争的，其竞争对手应是其他饮料；选用了消费者认为日常生活中最易上火的五个场景（吃火锅、通宵看球赛、吃油炸食品（如薯条）、烧烤和夏日阳光浴）进行宣传与销售，特别开拓餐饮场所，在一批酒楼打造旗舰店

的形象。

③ 财务目标：扩大消费者的需求，迅速拉动产品的销售。

（3）目标市场策略。

① 市场细分：碳酸饮料以可口可乐、百事可乐为代表，茶饮料、果汁饮料以康师傅、统一、汇源为代表，功能性饮料以菊花茶、清凉茶等为代表。

② 目标市场选择：企业的产品归属在饮料行业中，其直接的竞争行业是功能性饮料。

③ 市场定位战略：品牌重新定位在"预防上火的饮料"，其竞争对手是其他饮料，产品应在"饮料"行业中竞争，其自身独特的价值在于——喝×××凉茶能预防上火，让消费者无忧无虑地尽情享受生活（煎炸食品、香辣美食、烧烤、通宵达旦看足球比赛）。

市场定位战略如下：

① 走出广东、浙南。由于"上火"是一个全国普遍性的中医概念，而不是像凉茶那样局限于两广地区，这就为×××凉茶走向全国彻底扫除了障碍。

② 形成独特区隔。"预防上火的饮料"品牌定位的准确与新颖，使产品曾经相互矛盾的双重身份得到完全有机的结合，使产品和竞争者能有效地区分开来。肯德基已将×××凉茶作为中国的特色产品，确定为其餐厅现场销售的饮品。

③ 将产品的劣势转化为优势：淡淡的中药味，成功转变为"预防上火"的有力支撑；3.5元的零售价格，因为"预防上火的功能"，不再显得"高不可攀"；×××的品牌名、悠久的历史，成为预防上火"正宗"的最好证明，由×××企业与国内×××药业合作生产。

（4）市场创意战略。

① 创意构成与要点。

a. 电视广告选用消费者认为日常生活中最易上火的五个场景：吃火锅、通宵看球、吃油炸食品、烧烤和夏日阳光浴，画面中人们在开心地享受上述活动的同时，纷纷畅饮×××凉茶。

b. 结合时尚、动感十足的广告歌反复吟唱"不用害怕什么，尽情享受生活，怕上火，喝×××"，促使消费者在吃火锅、烧烤时，自然联想到×××凉茶，从而促成购买。

c. 宣传主要突出×××凉茶是"预防上火的饮料"，其独特的价值在于——喝×××凉茶能预防上火，让消费者尽情享受生活。

② 创意应用与说明。

主要运用广告传播，包括××电视台和当地的强势传媒，也注重开发多种宣传渠道。明确品牌要在消费者心中占据什么定位，接下来的重要工作就是要推广品牌，让它真正地进入人心，让大家都知道品牌的定位，从而持久、有力地影响消费者的购买决策。×××凉茶的电视媒体选择从一开始就主要锁定覆盖全国的××电视台，并结合原有销售区域（广东、浙南）的强势地方媒体，在2003年短短几个月，一举投入4000多万元，销量迅速提升。同年11月，企业乘胜追击，再斥巨资购买了××电视台2004年黄金广告时段。正是这种急风暴雨式的投放方式保证了×××凉茶在短期内迅速进入人们的头脑，给人们一个深刻的印象，并迅速红遍了全国大江南北。

Ⅱ．营销组合策略

一、产品策略（略）

二、品牌策略（略）

三、定价策略（略）

四、关系策略

1. 处理好与内地×××药业的关系。

正由于×××凉茶定位在"功能饮料"，区别于×××药业的"药品"、"凉茶"，因此能更好促成两家合作共建"×××"品牌。目前两家企业已共同出资拍摄一部讲述创始人传奇的电视连续剧。

2. 处理好与消费者的关系。

在频频促销的活动中，同样注意围绕"怕上火，喝×××"这一主题进行。如最近一次促销活动，公司举行了"炎夏消暑×××，绿水青山任我行"刮刮卡活动。消费者刮中"炎夏消暑×××"字样，可获得当地避暑胜地门票两张，并可获得在当地度假村免费住宿2天的权益。这样的促销，既达到了即时促销的目的，又有力地支持、巩固了×××凉茶"预防上火的饮料"的品牌定位。

3. 处理好与中间商的关系。（略）

Ⅲ．营销活动的效果预测和监控

一、营销效果的预测

通过营销活动迅速地提升企业产品的销量，实现企业巨大的利润，形成品牌的新形象，利于拓展自身在全国范围内的市场，最终实现自身的品牌定位。

二、营销效果的监控（略）

1. 根据这份营销策划书，写一份广告策划书。
2. 请你完成一份有关×××凉茶的市场活动策划书。

任务十四　合同

 情景描述——【听一听】

　　为满足国庆水果市场供应需求,青峰水果批发行于九月初向甜蜜园艺场订购了一批水果,合同规定:"青峰水果批发行向甜蜜园艺场订购红富士苹果 300 千克、巨峰葡萄 200 千克、砀山梨 500 千克;水果分三批由园艺场负责运送到青峰水果批发行。"但是到了 10 月中旬,水果行仍未收到货物,错过了国庆水果销售的旺市,于是青峰水果行以对方违约为理由,要求赔偿损失。但由于合同中的"水果分三批运送"并未写明确切的交货时间,合同履行的期限不明确,因此双方产生了纠纷。

　　可见,在当今社会上,合同扮演着相当重要的角色。工作有劳动合同,买房有房屋买卖合同,还有赠与合同、委托代理合同等等。签订合同的目的是为了保护当事人的合法权益,同时也规定了合同双方当事人的责任和义务关系等。我们在订立合同时一定要仔细、认真地按照合同要求订立合同条款,否则会带来不必要的损失。接下来让我们来学习一些关于订立合同的知识。

 例文举要——【读一读】

例文 1:

房屋租赁合同

本合同双方当事人:

出租方(以下简称甲方):_____

身份证:_____

联系电话:_____

承租方(以下简称乙方):_____

身份证:_____

联系电话:_____

根据《中华人民共和国合同法》、《中华人民共和国城市房地产管理法》及其他有关法律、法规规定,在平等、自愿、协商一致的基础上,甲、乙双方就下列房屋的租赁达成如下协议:

第一条　房屋基本情况

甲方房屋(以下简称该房屋)坐落于_____;位于第_____层,共_____〔套〕〔间〕,房屋结构为_____,建筑面积_____平方米(其中实际建筑面积_____平方米,公共部位与公用房屋分摊建筑面积_____平方米);该房屋的土地使用权以〔出让〕〔划拨〕方式取得;该房屋平面图见本合同附件一,该房屋附着设施见附件二;〔房屋所有权证号、土地使用权证号〕〔房地产权证号〕为:_____。

第二条　房屋用途

该房屋用途为_____。除双方另有约定外,乙方不得任意改变房屋用途。

第三条　租赁期限

租赁期限自_____年_____月____日至_____年____月____日止。

第四条　租金

该房屋租金为(人民币)____万____仟____佰____拾____元整。

租赁期间,如遇到市场变化,双方可另行协商调整租金标准;除此之外,出租方不得以任何理由任意调整租金。

第五条　付款方式

乙方应于本合同生效之日向甲方支付定金(人民币)_____万_____仟_____佰_____拾_____元整。租金按〔月〕〔季〕〔年〕结算,由乙方于每〔月〕〔季〕〔年〕的第____个月的____日交付给甲方。

第六条　交付房屋期限

甲方于本合同生效之日起_____日内,将该房屋交付给乙方。

第七条　甲方对产权的承诺(略)

第八条　维修养护责任(略)

第九条　关于装修和改变房屋结构的约定(略)

第十条　关于房屋租赁期间的有关费用(略)

第十一条　租赁期满(略)

第十二条　因乙方责任终止合同的约定(略)

第十三条　提前终止合同(略)

第十四条　登记备案的约定(略)

第十五条　违约责任(略)

第十六条　不可抗力(略)

第十七条　其他(略)

第十八条　合同效力(略)

第十九条　争议的解决

本合同在履行中如发生争议,由甲、乙双方协商解决。协商不成时,甲、乙双方同意提交×××委员会××分会仲裁,仲裁裁决是终局的,对双方均有约束力。

第二十条　合同份数

本合同连同附件共_____页,一式_____份,甲、乙双方各执一份,均具有同等效力。

甲方(签章):_____　　　　　乙方(签章):_____

授权代表(签字):_____　　　　授权代表(签字):_____

　　____年___月___日　　　　　　　　　____年___月___日

例文 2：

工矿产品购销合同

供方：×××　　　合同编号：_____

需方：×××　　　签订地点：_____

　　　　　　　　　签订时间：_____ 年 ___ 月 ___ 日

一、产品名称、商标、型号、厂家、数量、金额、供货时间及数量

（上述内容可以按国家工商行政管理局制定的示范文本的表格填写，也可以直接用文字表述）

二、质量要求、技术标准、供方对质量负责的条件和期限

三、交（提）货的方式

四、运输方式及到达地（港）费用的负担

五、合理损耗及其计算方法

六、包装标准、包装物的供应和回收

七、验收标准、方法及提出异议的期限

八、随机备品、配件、工具数量及供应方法

九、结算方式及期限

十、担保

十一、违约责任

十二、解决合同纠纷的方式

十三、其他约定的事项

供方	需方	鉴(公)证意见
单位名称(章)： 单位地址： 法定代表人： 委托代理人： 电话： 开户银行： 账号： 邮政编码：	单位名称(章)： 单位地址： 法定代表人： 委托代理人： 电话： 开户银行： 账号： 邮政编码：	经办人： 鉴(公)证机关： （章） 　　年　月　日 〔注：除国家另有规定外，鉴(公)证实行自愿原则〕

点评：

工矿产品购销合同是购销合同的一种形式，是一种以工矿产品为标的的合同。上述格式是国家工商行政管理局制定的示范文本。

签订工矿产品购销合同应当注意的问题有：

① 合同主体（即当事人双方）应当写明供方和需方，不能简称为甲方和乙方，以免在合同中引起误会。

② 产品名称，应当注明牌号、商标、生产厂家、型号、规格、等级、花色品种、是否为成套产品等具体内容，要写清楚，不能图省事而略写或者简写。

③ 产品的质量要求要写明确，对其适用的技术标准要写明标准的种类、标准号；供方对质量负责的条件和期限要具体。有国家标准的，一定要按照国家标准的要求办理；没有国家标准而有行业标准的，则要按照行业标准办理；既没有国家标准又没有行业标准的，其质量标准由双方约定。

④ 合同中交货或者提货的方式要写清楚：是自己提货，还是供方代办托运；供方代办托运是以自己的名义，还是以需方的名义；是铁路运输，还是公路运输或者水运；到达的车站或者港口；如何验收；运输费用由谁负担；等等。

⑤ 对于一些易损易耗的物品，应当规定合理损耗的数量及比例。

⑥ 关于包装条款，不能简单写袋装、瓶装、桶装等，而应当注明是什么材料的包装，包装要达到什么要求等。

⑦ 价款和酬金是合同的主要条款，要写明如何结算，以及在什么期限内结算。不能笼统写"货到清算"或者"发货清算"。

⑧ 对一些重要的产品购销合同，当事人双方都可以要求对方提供担保。担保通常应当订立书面的担保协议作为主合同的附件；也可以在主合同中写明担保方式和担保内容。

例文 3：

2012 年劳动合同范本

甲、乙双方根据《中华人民共和国劳动合同法》和有关法律、法规规定，在平等自愿、公平公正、协商一致、诚实信用的基础上，签订本合同。

一、劳动合同期限

（一）甲乙双方约定按下列_____种方式确定"劳动合同期限"：

a. 有固定期限的劳动合同：自____年____月____日起至____年____月____日止，其中试用期自____年____月____日起至____年____月____日止。

b. 无固定期限的劳动合同：自____年____月____日起，其中试用期自____年____月____日起至____年____月____日止。

c. 以完成_____工作任务为劳动合同期限，自____年____月____日起至完成本项工作任务之日即为劳动合同终止日。

（二）甲方与用工单位所签订的劳务派遣协议约定的派遣期限先于本条约定的合同期限届满的，则劳务派遣协议约定的派遣期届满之日本合同终止。

二、工作内容及工作地点

（一）乙方根据甲方要求，经过协商，从事_____工作。甲方可根据工作需要和对乙方业绩的考核结果，按照合理诚信原则，变动乙方的工作岗位，乙方服从甲方的安排。

（二）甲方安排乙方所从事的工作内容及要求，应当符合甲方依法制订的并已公示的规章制度。乙方应当按照甲方安排的工作内容及要求履行劳动义务，按时完成规定的工作数量，达到规定的质量要求。

（三）甲乙双方约定劳动合同履行地：_____

（四）_____

三、工作时间和休息休假

（一）甲乙双方在工作时间和休息方面协商一致，选择确定_____条款，平均每周工作四十小时：

a. 甲方实行每天_____小时工作制。具体作息时间，甲方安排如下：

每周周_____至周_____工作，上午_____，下午_____。

每周周_____为休息日。

b. 甲方实行三班制，安排乙方实行_____班_____运转工作制。

c. 甲方安排乙方的_____工作岗位，属于不定时工作制，双方依法执行不定时工作制规定。

d. 甲方安排乙方的_____工作岗位，属于综合计算工时制，双方依法执行综合计算工时工作制规定。

（二）甲方严格遵守法定的工作时间，控制加班加点，保证乙方的休息与身心健康，甲方因工作需要必须安排乙方加班加点的，应与工会和乙方协商并征得同意，依法给予乙方补休或支付加班加点工资。

（三）甲方为乙方安排带薪年休假：_____

四、劳动保护和劳动条件

（一）甲方对可能产生职业病危害的岗位，应当向乙方履行如实告知的义务，并对乙方进行劳动安全卫生教育，防止劳动过程中的事故，减少职业危害。

（二）甲方必须为乙方提供符合国家规定的劳动安全卫生条件和必要的劳动防护用品，安排乙方从事有职业危害作业的，应定期为乙方进行健康检查。

（三）乙方在劳动过程中必须严格遵守安全操作规程。乙方对甲方管理人员违章指挥、强令冒险作业，有权拒绝执行。

（四）甲方按照国家关于女职工、未成年工的特殊保护规定，对乙方提供保护。

（五）乙方患病或非因工负伤的，甲方应当执行国家关于医疗期的规定。

五、劳动报酬

甲方应当每月至少一次以货币形式支付乙方工资，不得克扣或者无故拖欠乙方的工资。乙方在法定工作时间内提供了正常劳动，甲方向乙方支付的工资不得低于当地最低工资标准。

（一）甲方承诺每月_____日为发薪日。

（二）乙方在试用期内的工资为每月_____元。

（三）经甲乙双方协商一致，对乙方的工资报酬选择确定_____条款：

a. 乙方的工资报酬按照甲方依法制定的规章制度中的内部工资分配办法确定，根据乙方的工作岗位确定其每月工资为_____元。

b. 甲方对乙方实行基本工资和绩效工资相结合的内部工资分配办法，乙方的基本工资确定为每月_____元，以后根据内部工资分配办法调整其工资；绩效工资根据乙方的工作业绩、劳动成果和实际贡献按照内部分配办法考核确定。

c. 甲方实行计件工资制，确定乙方的劳动定额应当是本单位同岗位百分之九十以上劳动者在法定工作时间内能够完成的，乙方在法定工作时间内按质完成甲方定额，甲方应当按时足额支付乙方的工资报酬。

d. _____

（四）甲方根据企业经营效益、当地政府公布的工资指导线、工资指导价位等，合理提高乙方工资。乙方的工资增长办法按照_____（工资集体协商协议、内部工资正常增长办法）确定。

（五）乙方加班加点的工资，以双方经过协商确定的_____工资为基数计算。

六、社会保险和福利

（一）双方依法参加社会保险，按时缴纳各项社会保险费，其中依法应由乙方缴纳的部分，由甲方从乙方工资报酬中代扣代缴。

（二）甲方应当将为乙方缴纳各项社会保险费的情况公示，乙方有权向甲方查询其各项社会保险的缴费情况，甲方应当提供帮助。

（三）如乙方发生工伤事故，甲方应负责及时救治，并在规定时间内，向劳动保障行政部门提出工伤认定申请，为乙方依法办理劳动能力鉴定，并为享受工伤医疗待遇履行必要的义务。

（四）乙方依法享有国家规定的福利待遇，甲方应当执行。
（五）_____

七、劳动纪律

甲方制定的劳动纪律应当符合法律、法规、政策的规定，履行民主程序，并向乙方公示。乙方遵照执行。

八、协商条款

经甲乙双方协商一致，同意选择_____条约定条款：

a. 乙方工作涉及甲方商业秘密的，甲方应当事前与乙方依法协商约定保守商业秘密或竞业限制的事项，并签订保守商业秘密协议或竞业限制协议。

b. 由甲方出资招用或培训乙方，并要求乙方履行服务期的，应当事前征得乙方同意，并签订协议，明确双方权利义务。

c. 甲方出资为乙方提供其他特殊待遇，如_____（住房、汽车等），并要求乙方履行服务期的，应当事前征得乙方同意，并签订协议，明确双方权利义务。

d. 甲方同意为乙方办理补充养老保险（年金）和补充医疗保险情况，具体标准为：_____

e. 甲方同意为乙方提供如下福利待遇：_____

f. 甲乙双方需要约定的其他事项：_____

九、劳动合同终止的条件

经甲乙双方协商约定，出现下列情形之一的，可以终止劳动合同：

a. 劳动合同期满的；

b. _____

c. _____

十、劳动争议处理

（一）甲乙双方因履行本合同发生劳动争议，可以协商解决。不愿协商或者协商不成的，可以向本单位劳动争议调解委员会申请调解；调解不成的，可以向劳动争议仲裁委员会申请仲裁。甲乙双方也可以直接向劳动争议仲裁委员会申请仲裁。提出仲裁要求的一方应当自劳动争议发生之日起六十日内向劳动争议仲裁委员会提出书面申请。对仲裁裁决不服的，可以自收到仲裁裁决书之日起十五日内向人民法院提起诉讼。

（二）甲方违反劳动法律、法规和规章，损害乙方合法权益的，乙方有权向劳动保障行政部门和有关部门举报。

十一、其他

（一）劳动合同期内，乙方户籍所在地址、现居住地址、联系方式等发生变化的，应当及时告知甲方，以便于联系。

（二）本合同未尽事宜，均按国家有关规定执行，国家没有规定的，通过双方平等协商解决。

（三）本合同不得涂改。

（四）本合同如需同时用中文、外文书写，内容不一致的，以中文文本为准。

（五）本合同一式两份，甲乙双方各执一份。

（六）本合同于_____年_____月_____日生效。
　　甲乙双方自愿申请劳动合同鉴证的，应当在劳动合同签订之日起三十日内向劳动保障行政部门提出。
　　甲方法定代表人签名：　　　　　　　　　　乙方签名：
　　公章：

　　签章日期：　　　　　　　　　　　　　　　签名日期：
附件：
劳动合同变更记录
　　经双方协商同意，对_____年_____月_____日签订的劳动合同作如下变更：
_____
　　甲方法定代表人　　　　　　　　　　　　　乙方签名：
　　或委托代理人签名：
　　甲方盖章：
　　签章日期：　　　　　　　　　　　　　　　签名日期：
　　鉴证机构盖章：　　　　　　　　　　　　　鉴证人签名：
　　鉴证日期：

例文 4：

借款合同

　　贷款方：_____
　　借款方：_____
　　保证方：_____
　　借款方为进行生产（或经营活动），向贷款方申请借款，并聘请保证方作为保证人，贷款方也已审查批准，经三方（或双方）协商，特订立本合同，以便共同遵守。
　　第一条　贷款种类
　　第二条　借款用途
　　第三条　借款金额：人民币（大写）_____元整。
　　第四条　借款利率
　　借款利息为千分之_____，利随本清，如遇国家调整利率，按新规定计算。
　　第五条　借款和还款期限
　　第六条　还款资金来源及还款方式
　　1. 还款资金来源：_____
　　2. 还款方式：_____
　　第七条　保证条款（略）

第八条　违约责任(略)

第九条　解决合同纠纷的方式

执行本合同发生争议的,由当事人双方协商解决。如协商不成,双方同意由仲裁委员会仲裁或向人民法院起诉。

第十条　其他

本合同非因《借款合同条例》规定允许变更或解除合同的情况发生,任何一方当事人不得擅自变更或解除合同。当事人一方依照《借款合同条例》要求变更或解除本借款合同时,应及时采用书面形式通知其他当事人,并达成书面协议。本合同变更或解除之后,借款方已占用的借款和应付的利息,仍应按本合同的规定偿付。

本合同如有未尽事宜,须经合同双方当事人共同协商,作出补充规定,补充规定与本合同具有同等效力。

本合同正本一式三份,贷款方、借款方、保证方各执一份;合同副本一份,报送有关单位(如经公证或鉴证,应送公证或鉴证机关)各留存一份。

贷款方:(签字)

地址:　　　　　　　电话号码:

借款方:(签字)

地址:　　　　　　　电话号码:

保证方:(签字)

地址:　　　　　　　电话号码:

知识概述——【学一学】

合同也叫契约,是平等主体的自然人、法人、其他组织之间设立、变更、终止民事权利义务关系的协议。合同依法成立,它保护合同当事人的合法权益,维护社会经济秩序,促进社会主义现代化建设。

合同的写作格式主要有两种,即表格式、条款式。不论哪种格式,一般都具有标题、正文和落款三部分。

一、标题

合同的标题一般只表明合同的性质,即表明合同的种类,如"买卖合同"、"建设工程合同",其位置写在第一行的中间。

二、正文

开头先写签订合同当事人的名称(单位)或者姓名(个人),一般应空两格分行并列。单位名称必须是法定的全称,不能写简称、代号。为行文方便,可将单位名称注明"甲方"或"乙方"。

其次,紧靠在单位名称下面,另起一行空两格写签订合同的目的和依据,如"为了……,经双方协议,订立下列条款,以资共同恪守"。

最后,写合同的具体条款。合同的条款由必备条款和约定条款两部分构成。必备条款是合同的主要内容,包括合同的标的(指货物、劳务、工程项目等),数量与质量,价款或酬金,履行的期限、地点和方式,违约责任,解决合同纠纷的仲裁方式,有效期限,份数,保存方法,附则等。约定条款是合同当事人在合同中约定的事项,在合同中一般采用"其他约定事项……"的写法。

三、落款

在合同的末尾要写明双方单位名称及其代表人签字并盖章。为保证合同本身的法律效力,合同须鉴证或公证的,则必须写明其机关名称,并由经办人签字、盖章。各级工商行政管理部门可对合同做鉴证,各级公证机关可对合同做公证。另外,双方单位的地址、开户银行、账户、电话等,也应写清楚。最后在右下方写上签订合同的日期。

指点迷津——【说一说】

下面这份合同有几处错误,请一一指出并加以修改。

> 出租方:广厦房产公司(以下简称甲方)
> 承租方:美味食品厂(以下简称乙方)
> 根据《中华人民共和国合同法》及有关规定,为明确甲、乙双方的权利义务关系,经双方协调一致,签订本合同。
> 第一条 甲方出租砖木结构平房一间。
> 第二条 租赁期2年。
> 第三条 年租金12000元。
> 第四条 甲方对出租房屋及其附属设备每半年认真检修一次。
> 第五条 违约责任。
> 1. 甲方未按时交付出租房屋供乙方使用时,应偿付年租金10%的违约金。
> 2. 甲方未按时检修房屋而造成乙方人身受到伤害或财物受到毁坏时,甲方应负责赔偿全部损失。
> 3. 乙方逾期交付租金时,除仍应及时如数补交外,应支付年租金20%的违约金。
> 第六条 本合同一式两份,甲乙双方各执一份。
>
> 2015年5月15日

任务引领——【写一写】

根据以下内容,完成相应的任务。

上海中博进出口有限公司拟从山西华夏果品饮料公司订购1000瓶"××100%苹果汁"。经双方商定,每瓶价格为10元(人民币),合计总金额为10000元(人民币)。2014年10月26日前一次性交货。由华夏果品饮料公司负责运送。交货地点为中博进出口公司华泾仓库。产品外包装以上海中博进出口有限公司给定样本为准,每瓶500 ml,每10瓶为一个包装单元,合计100个包装单元。包装箱费用及运费由华夏果品饮料公司负担。产品质量以国家饮料质量标准为准。货款于交货日后10日内结清(以收货单为准)。如因自然灾害等不可抗力原因造成不能如期交货的,华夏果品饮料公司应提前通知中博进出口有限公司。如华夏果品饮料公司无故拖延交货日期或所提交的货物不符合规定标准,中博进出口有限公司有权拒绝收货,并要求华夏果品饮料公司赔偿总货款20%的违约金。如中博进出口有限公司在收到货物后10日内未将货款结清,需赔偿华夏果品饮料公司总货款20%的违约金。

任务一:请为此合同拟写一个标题。

任务二:请为此合同拟写一个正文开头。

任务三:请为此合同拟写正文的必备条款。

任务四:如果有必要,请为此合同拟写正文的约定条款。

任务五:请为此合同拟写落款。

学习要点——【想一想】

订立合同有什么要求?撰写合同应注意什么?

一、订立、撰写合同的注意事项

① 合同当事人应当遵循公平原则,依法享有自愿订立合同的权利,任何单位和个人不得非法干预;合同当事人必须全面履行合同规定的义务,任何一方不得擅自变更或解除合同。

② 签订合同必须符合国家的政策法令,必须按经济规律办事,否则即使双方同意,也不能生效。

③ 撰写合同的必备条款要写完全、具体、明确。

④ 书写要端正、清楚,标点要正确。关键数目字要大写,钱物数后面要加"整"字。

⑤ 如合同上写错或漏字,在修改和补充处要加盖印章,以示负责。甲方保存的涂改处,由乙方盖章;乙方保存的涂改处,由甲方盖章。

二、典型词句

1. 买卖合同
①供方、需方;②质量要求;③交(提)货地点、方式;④运输方式;⑤结算方式。

2. 租赁合同
①出租方、承租方;②房屋坐落;③租赁期限;④租金;⑤违约责任。

3. 赠与合同
①赠与人、受赠人;②受赠人的义务;③赠与物的交付;④赠与的撤销。

4. 借款合同
①贷款方、借款方;②借款利率;③还款期限;④保证条款;⑤违约责任。

5. 代理合同
①代理人、被代理人;②授权代理期限;③代理费;④代理权限。

熟能生巧——【练一练】

一、填空题

1. 合同是平等主体的_____、_____、_____之间设立、变更、终止民事_____关系的协议。

2. 合同当事人应当遵循公平原则,依法享有_____的权利,任何单位和个人不得非法干预,合同当事人必须全面履行_____,任何一方不得擅自变更或解除合同。

3. 合同的格式主要有两种,即_____、_____。

4. 签订合同必须符合_____,必须_____,否则即使双方同意,也不能生效。

5. 如果合同上写错或漏字,在修改和补充处要_____,以示负责。

二、简答题

1. 合同有什么作用?
2. 合同正文一般应必备哪些条款?

三、问答题

阅读材料,完成以下问题。

_____ 合同

立合同单位　供方:上海××柴油机厂
　　　　　　需方:济南××汽车厂

经双方充分协商,签订本合同,以资共同信守。

一、品名、规格、数量、金额及交货日期:

商标	品名	型号规格	单位	数量	单价（元）	金额（万元）	分期交(提)货时间数量			
							一季	二季	三季	四季
东风	柴油机	135B	台	1000	10000	1000			500	500
总计金额(大写)		壹仟万元整								

二、产品质量标准:按部颁质量标准。

三、产品原材料来源:由供方解决。

四、产品验收方法:由需方按质量标准验收。

五、产品包装要求:用木箱包装。

六、交(提)货方法、地点及运费:由供方托运到需方所在地,运费由需方负责。

七、货款结算方法:通过工商银行托收。

八、供需双方由于人力不可抗拒和确非企业本身造成的原因而不能履行合同时,经双方协商和合同鉴证机关查实证明,可免于承担经济责任。

九、本合同自签订之日起生效,任何一方不得擅自修改或终止。如确有需要修改或终止,应经双方协商同意,签具修订或撤销合同的协议书,并报合同双方业务主管部门和鉴证机关备案。

十、本合同正本一式两份,供需双方各执一份。副本四份,送供需双方业务主管部门各一份;鉴证机关、工商银行各一份。

十一、本合同有效期到××××年×月×日。

供方:上海××柴油机厂　　　　　　　　需方:济南××汽车厂
负责人:(盖章)_____　　　　　　　负责人:(盖章)_____
代表人:_____　　　　　　　　　　 代表人:_____
电话:_____　　　　　　　　　　　 电话:_____
开户银行:_____　　　　　　　　　 开户银行:_____
账号:_____　　　　　　　　　　　 账号:_____
地址:_____　　　　　　　　　　　 地址:_____
　　××××年×月×日　　　　　　　　　　××××年×月×日
鉴证机关(盖章)_____　　　　　　　　××××年×月×日

1. 按内容性质分,这份合同属何种合同？请在标题中写明。
2. 这份合同采用的是_____式格式。
3. 合同的条款有必备条款和约定条款,约定条款是当事人在合同中根据实际需要另行约定的有关条款。下面对这份合同的约定条款概括正确的一项是(_____)。
   A. 第一～四条　　　　　　　B. 第六、七条
   C. 第十、十一条　　　　　　D. 第八、九条
4. 这份合同遗漏了一项极为重要的基本条款:_____。被遗漏的这项基本条款应添加在_____。
5. 对合同落款部分日期的解释有误的两项是(_____)。
   A. 这是合同签订的日期　　　B. 这是合同生效的日期
   C. 这是供需双方谈判成功的日期　D. 这是鉴证机关盖章的日期

专业进阶模块

任务十五 导游服务欢迎(送)词

情境描摹——【听一听】

小关在旅行社实习,与司机陈师傅去上海浦东机场接一批北京客人。相见之后,陈师傅用他的行动为客人服务,而小关则要用她的话语——欢迎词为客人服务了……接待任务圆满完成之后,小关和同事送北京客人再往浦东机场,这时,小关又要用欢送词表达感情。

例文举要——【读一读】

例文1(欢迎词):

> 各位来自××的朋友,大家好!很高兴在中国最大的城市上海见到大家,谨代表我们东方旅行社热烈欢迎各位朋友!首先请允许我自我介绍一下,我是大家这次旅行上海站的导游,我姓仇(qiú),人九仇——虽然多音为仇(chóu),不过我不会成为你们的仇人,而相反我是"有求必应",将会是大家的朋友。大家可以叫我仇导,或者小仇。现在在我旁边正为大家驾驶的司机师傅姓杨,有着多年的驾龄。在从今天开始的旅行中,希望我们能够为大家提供满意的服务,我工作中如有不足之处也请多多提出您宝贵的意见。"有缘千里来相会",我们大家在黄浦江畔的日子里,我小仇会尽心,杨师傅会让大家放心,愿各位朋友开心!

例文2(欢送词):

> 我们旅游团的各位朋友,大家下午好!昨天和今天的两天中,我们游览了近现代史立体教科书——外滩,东方的崛起——陆家嘴,中华第一街——南京路,圆中国百年梦的世博园,集园林、宗教、建筑、商业、美食、民俗诸种文化于一地的豫园,由于时间的关系,小仇还来不及陪大家爬佘山、游淀山湖、览洋山深水港、穿长江越江隧桥等等。"来也匆匆,去也匆匆",有相聚就有分离。即使舍不得,但是我们的上海站之行也即将结束了。那么在此小仇送给大家三个"圆":第一个是缘分的缘。茫茫人海之中,我们能相遇在一起,这是上辈子修来的缘。第二个是原谅的原。这次有团友认为饮食和时间安排不尽合理,但是我真的希望我给你们带来的开心多于遗憾,也希望大家能够多多原谅,

> 多多包涵。第三个是圆满的圆,亲爱的朋友们,我们的旅行即将结束了,各位朋友将从上海飞回××,在此预祝大家身体好、家庭好、工作好、成绩好、样样都好,好上加好!再次谢谢大家的配合,希望下次有缘,小仇能再一次做你们的导游,我和司机杨师傅祝大家圆圆满满!

点评:

以上习作在专业课老师和文化课老师的指导下,经反复修改,格式规范,该有的内容一样不少,同时没有任何废话。不仅如此,作为刚刚涉足服务业的"准职业人",在撰写过程中也注意到了行文情真意切。(未经修改的原作见"指点迷津——【说一说】",供大家比较、鉴别)

◎ 知识概述——【学一学】

导游接到旅行团,在首次亮相时,要讲一段"给客人以亲切、热情、可信之感"的话,即欢迎词。而陪同客人完成全部游览之后,在赴机场(车站、码头)途中,导游也应向全体游客讲一段让人回味的话,即欢送词。

导游服务欢迎词是指导游人员迎接游客所说的话或文字。欢送词是指导游人员送别游客所说的话或文字。在导游服务中,欢迎词和欢送词都是必不可少的。欢迎词是导游服务给客人的第一印象。"贴心一语三冬暖",第一印象好,才能为下一步的优质服务打下良好的基础;否则,会有可能事倍而功半。欢送词是导游服务的结束曲。好的欢送词,能为导游服务画上圆满的句号,它可以促进导游与游客之间的沟通,甚至强化游客的回忆。

导游欢迎词应包括什么内容呢?欢迎词一般应包括:
① 代表所在接待社、本人及司机欢迎客人光临本地;
② 介绍自己的姓名及所属单位;
③ 介绍司机;
④ 表示提供服务的诚挚愿望;
⑤ 良好的祝愿。

而欢送词内容一般应包括:
① 回顾旅游活动,感谢大家的合作;
② 表达友谊和惜别之情;
③ 诚恳征求游客对接待工作的意见和建议;
④ 若旅游活动中有不顺利或旅游服务有不尽如人意之处,导游人员可借此机会再次向游客赔礼道歉;
⑤ 表达美好的祝愿。

❓ 指点迷津——【说一说】

例文1(欢迎词):

各位游客、朋友们，大家好！很高兴在这现代化的上海见到大家，我代表我们旅游团热烈欢迎从××来的朋友们，首先先自我介绍一下，我是你们本次旅游的导游，我姓仇，人九仇，虽然多音为仇，不过我不会成为你们的仇人，将会是你们的朋友，那现在在我旁边的司机师傅，他姓杨，他有多年的驾龄，所以在本次旅途中大家尽可以放心，在之后的旅途中希望我们能多交流，请大家对我工作中不足的地方多提宝贵意见。现在大家可以看到我们已经到达×地，这里将会是我们旅途中的第一站，也是我们认识的开端……

例文2（欢送词）：

即使舍不得，但是属于我们的旅途还是即将结束了。那么在此我送给大家三个"圆"。第一个是缘分的缘，茫茫人海之中，我们能相遇在一车之中，经过一段旅途来互相了解是非常不容易的，这些是我们上辈子修来的缘。第二个是原谅的原，我知道在这次旅途中大家肯定有对我不满之处，但是我真的希望我给你们带来的开心多于不满，在本次旅途中，对我们所有不足之处，希望大家能够多多包涵，多多原谅，多提宝贵意见。第三个是圆满的圆，亲爱的朋友们，我们的旅行圆满结束了，在此预祝大家能够身体好、家庭好、工作好、成绩好、样样都好，好上加好，在此谢谢大家的配合，希望下次有缘，我能再一次做你们的导游，祝大家圆圆满满！

假设你是游客，你是否喜欢以上欢迎词和欢送词，为什么？你觉得以上欢迎词和欢送词还有什么不足？哪些地方还需要修改？

任务引领——【写一写】

小乔是东辉旅行社的导游，这次他要为××旅行团担任上海一日游的导游。

任务一：请你为他写一篇欢迎词。

_____
_____
_____
_____
_____
_____
_____

任务二：请你为他写一篇欢送词。

_____
_____
_____

学习要点——【想一想】

欢迎词和欢送词语言上要注意些什么问题呢?

一、语言简洁

例如在形容上海时,可以有千言万语,但作为一名导游,不可能像个"说书人",他只能说最简洁的话,比如说"中国最大的城市"这样的话,是最有力量的——它包含了经济、金融、贸易、航运等方面的内容,内涵极其丰富,足以突出上海重要的地位。再如欢送词,基调是惜别之情,用简洁的语言回顾一下旅游活动,恰恰能为这种感情做铺垫。欢送词在语言上要求不能拖沓,可以用排比句等来进行高度的概括,如:"本次上海之行观光游览之旅"这类的句子太啰唆,不如干脆说"本次上海之行"。

二、用语准确

用语不准确是服务行业的大忌。如:"听说,大家都来自文化遗产丰富的民族回族"这句话,把民族与地域两个概念混淆,应改为"听说,大家都来自文化遗产丰富的宁夏回族自治区"。同样,"回族也是我最想去的民族之一"应改为"回族也是我最想了解的民族之一"。再如"请大家保管好自身的财产安全"一句中,动词谓语"保管"与宾语"安全"搭配不当,可改为"请大家保管好随身的物品,注意安全"。

三、以情唤情

在欢迎词和欢送词中,要注意调动客人的感情。"以前大家在故乡看到的是浪漫的巴黎,这几天我们游玩了美丽的上海"一句忽视了法国首都巴黎与上海的情结,可改为"以前大家在故乡看到的是浪漫的巴黎,这几天我们游玩了有'东方巴黎'之称的美丽上海"。

四、态度谦逊

导游从事的是服务工作,应该时时、处处牢记谦逊的基本原则。比如"我担任导游数年,带团经验丰富"一句,有可能将自己置于被动地位,所以,可改作"我担任导游5年,非常热爱这项工作"。又如"我自问是个有责任心的人,但是在这次旅程中还是有很多方面做得不到位,但大家给予我的是支持和原谅,我很感谢。虽然我不是最好的导游,但大家却是我见过的最好的游客。"这样的说法就很好。

熟能生巧——【练一练】

一、填空题

1. 导游服务欢迎词是指导游人员迎接_____的话或文字。_____则是指导游人员送别游客的话或文字。好的欢迎词能为下一步的优质服务打下良好的_____;否则,会有可能_____而功半。好的欢送词,能为导游服务画上圆满的句号,它可以促进导游与游客之间的_____,甚至强化游客的_____。

2. 欢迎词和欢送词语言上要注意语言_____、用语_____、以____唤____、态度_____。

二、写作题

1. 请你为上海旅行社导游卫××写一篇欢迎日本旅游团的欢迎词。

2. 请你写一篇送别法国游客的欢送词。

3. 请读一下下面的欢迎词和欢送词,想想有问题吗?该如何修改?

欢迎词:

> 大家好,我代表东辉旅行社的全体员工向大家致以最热烈地欢迎。我姓唐,名××,大家可以叫我小唐,也可以叫我唐导。在我的旁边呢,是我们的严师傅,不要看他年纪轻轻,其实,已经有5年的车龄了,完全可以保障大家的安全。
> 听说,大家都来自文化遗产丰富的民族——回族。在我的映像中,回族是一个能歌善舞地民族。每年都会有"花儿会",一到那天,每个人都蹦蹦跳跳,十分开心。如果有机会的话,我一定要去看看那里的风土人情,去感受一下那里的人文情怀。
> 因为这次的目的地占地面积比较大,又偶遇节假日,人流量也比较多,所以请大家保管好自身的财产安全,以免造成损失及影响日后的行程。我的手机号是136×××××××××,请大家记一下。最后,希望大家玩的开心,满载而归。

欢送词:

> 好了,这两天的行程到这儿也就全部结束了。虽然很不舍,但还是不得不说再见。中国有句古语:"十年修得同船渡。"我们能够在茫茫人海中相遇,那就是一种缘分。在

这两天的行程中,我还有做的很不足的地方。感谢大家不但理解了我,还十分支持和配合我的工作。也许我并不是最好的导游,但大家却是我见过最好的游客,能与最好的游客同车而行并度过这难忘地两天,是我导游生涯中最大的收获。是大家让我见到了回族人民特有的淳朴和人情。如果有机会的话,我一定要去看看那里的风土人情,去感受一下那里的人文情怀。

"相见时难别亦难",分离的时候就要到了。希望此次大家在与家人分享这段旅途中的趣事之时,不要忘记在后面加上一句:在上海我认识了一个人,她叫小唐,那是我的朋友!我也衷心地祝愿大家身体健康、事业顺利、全家幸福!

最后,我以一首歌来表达我内心无法用言语描绘出来的感情……

任务十六　祝词

情境描摹——【听一听】

商务英语班的小李同学到某公司实习,公司朱经理正好晚上要去参加一场婚礼,而作为嘉宾的他应主人之邀,将在婚礼上讲几句话。朱经理就让小李写一篇文稿。小李写的这篇文稿就是我们今天要学习的一种在社交活动使用频率相当高的应用文——祝词。

在喜事临门、佳节将至、亲朋好友光临等各种有纪念意义的聚会上,表达美好意愿的话总是少不了,它有着强化喜庆气氛的重要作用。在各种庆典、仪式、婚礼、酒会等场合,祝词都有约定俗成的特定要求。

例文举要——【读一读】

××校长在欢迎英国××学校考察团晚宴上的祝酒词

尊敬的英国××学校各位同行,尊敬的各位来宾:

　　首先,请允许我代表上海××职业技术学校全体师生,热烈欢迎英国××学校考察教师的到来!

　　我们上海××职业技术学校能与英国××学校结成"课程合作友好学校",我感到十分荣幸和高兴。自去年我校与贵校开展合作以来,我们的新课程开发与实施取得了很大进展,受到了同行们的赞誉。贵校教师不仅知识渊博,而且对人友好热情、循循善诱,给予了我校许多帮助和支持,在此,请允许我代表我校衷心感谢贵校的无私奉献!

　　随着时代的进步、社会的发展,我校师生所需学习的内容也将涉及更多的领域。展望未来,任重道远。希望贵校能与我校长期合作下去,愿两校的友谊青山不老,绿水长流!

　　现在我提议,为上海××职业技术学校与英国××学校的珍贵友谊干杯!Cheers!

上海市××职业技术学校××
2015年3月23日

知识概述——【学一学】

一、祝词的定义及分类

祝词是为表达祝愿、增进友谊而在社交活动中公开演说的一段表示褒颂祝福的话语或文章。祝词,又写作"祝辞"。祝词的种类很多,常用的有祝酒词、祝寿词、婚庆祝词、毕业祝词、节日祝词、会议祝词等。

二、祝词与贺词

在某些情况下,祝词又可写作"贺词"。本质上,这二者是一致的。虽说祝词侧重在事先的"祝",贺词侧重在事后的"贺",不过在实际生活中,"祝"与"贺"二者往往是交织在一起的。例如,元旦到来,单位领导可以发表一篇贺词或祝词,内容为祝贺新年来临及预祝大家在新的一年好事连连。

三、祝词的构成

祝词可由标题、称谓(称呼)、正文、署名(具名)、日期这五部分构成。其中,署名和日期又可合称"落款"部分。

在这五部分中,标题、署名、日期这三部分只在落实于书面时出现,而在现场演说时,只出现称谓与正文两部分。也就是说,书写时,我们一般应把标题和署名、日期这三项内容都写上,特别是标题。尽管演讲时是从称谓开始的,但也还是应该在文稿中把标题写上。

四、祝词各部分的写作要求

第一,祝词标题应居中。祝词标题的完整组成部分是致词者、致词场合和文种。如:"××校长在欢迎奥地利××学校访问团晚宴上的祝酒词"。其中的致词者可以略去。书写稿(或打印稿)中标题不能省,而演说时,这部分内容是略去的。

第二,称谓顶格写,其后加上冒号。顶格写表示敬重,这是中国古老的习惯。

第三,正文是主体部分。这一部分要根据场合要求,表明说话者代表何人或者组织表示祝贺与祝福。根据需要,对致词对象进行肯定与赞颂。在正文最后,可再次出现祝福性的话语。

第四,署名应单独成行,并靠右,退两格("缩进"两个汉字的位置)。

第五,日期的书写规则同署名。请注意,署名和日期这两项仅限于书面出现。

指点迷津——【说一说】

××职业技术学校××校长带领酒店管理专业部分师生到锦江大酒店参观学习,受到了酒店领导和员工的热情欢迎,并设宴款待。13中英班李××同学代酒店总经理写了一篇祝酒词。请大家读一读,然后说说有哪些地方需要修改,并请说明理由。

各位朋友,各位来宾:

晚上好!很高兴××职业技术学校××校长带领酒店管理专业部分师生来本酒店参观学习。今晚,我们能够相聚在这里,感到很高兴。我谨代表锦江大酒店,对于各位朋友表示热烈欢迎!通过这次参观学习,让我们进一步加强相互了解,加深友谊,共同促进双方长久以来的合作关系!

最后,请大家在这个愉快的夜晚共同举杯,为××职业技术学校来本酒店参观学习的圆满、成功、愉快而干杯!

任务引领——【写一写】

根据以下内容、要求，以学生代表的身份，为郭老师写一份祝寿词。

郭老师，2015年60周岁，1975年参加教师工作，40年来兢兢业业，率先垂范，曾被评为省级优秀班主任，其著作颇丰，著有《职校生心理健康教育》、《成功之路》等书，共计150万字，2007年被评为高级教师。

学习要点——【想一想】

写祝词在内容方面应注意什么问题？

在内容方面，写祝词时要注意用心、用情。作为一种礼仪性的应用文，写祝词最核心的问题应是注意场合、饱含激情。古人说："繁采寡情，味之必厌。"（刘勰《文心雕龙·情采》）"感人心者，莫先乎情。"（白居易《与元九书》）高尔基也说过："富于感情——这是写好作品的最好手段。"所以说，我们写祝词时，语句的感情要热烈，一定要注意用词的感情色彩；提到自己时，则要注意用谦词。

熟能生巧——【练一练】

一、填空题

1. 祝词是对人或事表示褒颂＿＿＿＿的话语或文章，其主要作用为＿＿＿＿祝愿、＿＿＿＿友谊。

2. 祝词，又写作＿＿＿＿。祝词的种类很多，常用的有＿＿＿＿、祝寿词、婚庆祝词、毕业祝词、节日祝词、会议祝词等。

3. 刘勰《文心雕龙·情采》有曰："繁采寡情，味之＿＿＿＿。"白居易《与元九书》有曰："感人心者，莫先乎＿＿＿＿。"高尔基说过："富于感情——这是写好作品的最好＿＿＿＿。"

二、选择题

1. 祝词由_____等部分构成。
   A. 标题、称谓　　　　　　　　　　B. 正文
   C. 署名、日期　　　　　　　　　　D. 以上所有
2. 在祝词的组成部分中,在演讲时必须有的是_____部分。
   A. 标题、称谓、正文　　　　　　　B. 称谓、正文
   C. 称谓、正文、署名、日期　　　　D. 标题、称谓、正文、署名、日期
3. 标题的书写形式应该是_____。
   A. 左对齐　　　B. 右对齐　　　C. 居中　　　D. 两端对齐
4. 称谓的书写形式应该是_____。
   A. 顶格写　　　B. 空两格　　　C. 居中　　　D. 分散对齐
5. 署名和日期的书写形式应该是_____。
   A. 二者都单独成行,靠右,退两格
   B. 二者在一行,靠右,退两格
   C. 二者都单独成行,靠左,前空两格
   D. 先写日期,再写署名,二者都单独成行,靠右,退两格

三、写作题

妈妈快要过五十岁生日了,请你为妈妈写一篇祝寿词。

_____
_____
_____
_____
_____
_____

四、评析题

下面是梅××同学撰写的祝词,请读一读,回答问题。

新世纪学校的全体师生们:

　　新年好!光阴似箭,白驹过隙。转眼间又到了辞旧迎新的时刻,借此机会,我代表学校向各位老师、各位同学致以节日的祝贺和新年的祝福。祝大家新年愉快,健康幸福,工作顺利。

　　在过去的一年里,既是我校不平凡的一年,又是收获颇多的一年。我们新世纪人在学校对学生教育与自身发展的道路上取得了一些成绩,这与全体师生的辛勤付出是分不开的。借此机会向大家表示感谢。回首我们走过的一年,我校获得了市里评选的先进单位的光荣称号,而且在我校的升学方面,新世纪学子在高考升学上取得了骄人的成绩。我校在对学生的教育上取得了新的进步,也推进了我校的自身发展。同时,学校的

校风正处于一个和谐团结的氛围里,让学生能在一个充满朗朗读书声,书香飘溢的校园里更好地去学习。尽管在过去的一年里,我们在某些方面还是有不足之处,我相信通过全体师生的努力,在新的一年里会有所改变。

当然,在前进的路上还有不少困难,但在我看来困难是难不倒对未来抱有希望,满怀信心,对明天有憧憬,有向往,刻苦认真,脚踏实地的人的。那么把握现在、迎接未来的正是在座的新世纪人。

展望新的一年,这是我校实现奋斗目标的一年,也是我们站在新的起点实现自我突破的一年。一年之计在于春,我们即将迎来一个充满希望的春天,让我们满怀信心拥抱春天,让我们辛勤耕耘,创造灿烂辉煌的明天。

最后,我衷心地祝愿大家身体健康,阖家欢乐,万事如意!祝同学们在新的一年里学习更上一层楼!

谢谢!

1. 如果给这篇习作加一个四字标题,那么应该是_____。
2. 正文第一段末尾,"工作顺利"之后,宜补上一句(4个字):_____。
3. 第二段首句"在过去的一年里,既是我校不平凡的一年,又是收获颇多的一年。"是个病句,请加以改正。

改为:_____

4. 第三段第一句"当然,在前进的路上还有不少困难,但在我看来困难是难不倒对未来抱有希望,满怀信心,对明天有憧憬,有向往,刻苦认真,脚踏实地的人的。"是个长句,其中"人"的定语是_____。

如果把这个句子改成结构简单一点的句子(不用这么长的定语),可以怎样改?

改为:_____
_____。

五、问答题

××职业技术学校召开第十届团员代表大会,请石××同学以上级团委的名义写了这样一篇贺词,请你读后回答问题。

团 委 贺 词

尊敬的各位领导、代表、青年朋友们:

大家好!伴随着春雨绵绵、万物复苏的季节,我们很高兴地迎来了××职业技术学校第十届团员代表大会。在此,我谨代表区团委和校团组织向此次大会召开表示热烈的祝贺!这是我们大家的节日,在这个日子里,所有的团员们都会为学校和班级献计献策。我相信通过本次大会,本校的团委工作将推上一个新高潮,全校的团员们也会为之付出努力的。

在过去的一年里,本校得到过许多荣誉和肯定。其中最让我感动的是由所有团员自发组建的"自主管理团"和部分学生发起的"爱心传递"活动。这些行动都对校园和班级的建设起了很大的作用,校园中因为有了他们的身影,一切都变得井然有序。同样,"爱心传递"的活动也在社会上引起很大的反响,我们这些富有善心的团员们,在全区的各个养老院、幼儿园、阳光之家留下了他们的爱心,让这份爱传递下去,使更多的青年们参与其中。借此机会,我谨代表所有团委成员向曾给予我们指导和帮助的老师、团委表示最诚挚的感谢,向为校园建设、发展献出一份力的所有团员们表达最真诚的敬意! 希望今后大家可以继续努力,再造辉煌。

　　回顾过去,展望未来,新的一年,新的开始。我们是富有朝气、富有创造力的群体。从今天起,我们要更加努力地学习,树立坚定的信念,确立为社会服务的正确人生观,为今后的工作、学习打下坚实的基础,不断提高自身素质,成为品学兼优的人才。同时,新的任务也给我们青年团员带来巨大的挑战,我希望你们不惧艰险,勇往直前。只要你付出过,一切都会尽如人意。

　　亲爱的青年朋友们,行动起来,让我们一同努力吧。光明的未来就在前方,相信在校团委的组织下,你们必将取得新的更大的成绩。最后,我祝愿此次团代会圆满成功!

1. 本文的标题可以改得更好,可以是:_____
2. 正文首段中的"在此,我谨代表区团委和校团组织向此次大会召开表示热烈的祝贺!"一句,与演说者的身份符合吗? 如果不是,应该怎么改?
　　答:_____
　　_____

3. 正文第二段"借此机会,我谨代表所有团委成员向曾给予我们指导和帮助的老师、团委表示最诚挚的感谢,向为校园建设发展献出一份力的所有团员们表达最真诚的敬意!"一句是否合适? 为什么?
　　答:_____

4. 正文第三段说"我们……我们……"("我们"包括了听众),接着,突然说"我希望你们……"——转换得太快。"你们"一词可以改为_____。

任务十七　产品解说词

情境描摹——【听一听】

人类社会的发展离不开产品的流通、商品的交换。这就需要人们对产品有所了解。对产品进行解释说明的应用文书就是产品解说词。产品解说词面对受众时，可以配合实物或画面等进行呈现。

例文举要——【读一读】

岐　山　醋

岐山是中国食醋的发源地之一，岐山醋至今已有三千多年的历史，岐山人家家户户用粮食自酿醋的风俗沿袭至今。岐山醋有一种清香、醇厚的混合香味，柔和爽口，酸味浓郁。岐山醋是老祖宗留给陕西人最好的"传家宝"，具有保健、美容、软化血管、降低胆固醇等效果。

评析：

这则解说词把产品特点、功效等很好地概括了出来，重点突出、言简意赅。通过这则解说词，人们对岐山醋能有一个较清晰、完整的认识。

知识概述——【学一学】

一、产品解说词的特点

产品解说词，借助简明的文字介绍，交代产品的来龙去脉，使人们明白产品的特点，从而做到心中有数，以便消费者根据需求来作出购买选择。

产品解说词是以说明为主要表达方式的一种文体。要使人们了解产品的特点，内容会涉及产品的来历、价值、指标等。表达上以平实为主，但也不排斥引用、对偶、排比、对比、拟人、设问等修辞手法。它总的要求是：概念准确、解释清楚、语言简洁。

二、产品解说词的写作基本要求

第一，对产品的熟悉和了解。不熟知产品，就会漏洞百出，写解说词也就无从谈起。熟知产品一方面是指对产品本身了解，另一方面则是指对该产品在该领域的情况了解。例如，对横向同类产品的情况如果不了解，就会一叶障目，不见泰山，夜郎自大，说话会遭到同行的反感。

第二，扎实的文字功底。有一些优秀的产品，其解说词中的错别字非常刺眼，语句不通等问题也严重地影响了产品的形象。这是一个长期积累的过程，要想文字过关，就要多读多写。

第三,学会取舍。产品解说词告诉大家所介绍的产品是什么,讲清楚就行,不应啰哩啰唆。另外,摆弄行业术语也是产品解说词写作中的大忌。

指点迷津——【说一说】

例文1:

全新配方"×××"家具护理喷蜡

全新美国配方"×××"家具护理喷蜡,护理家具更胜一筹。它含有更多硅油和浓缩乳蜡,能充分发挥护理家具的功效,而且上光更容易,令家具表面光洁如新,加倍亮泽。"碧丽珠"新喷嘴包装,使用更方便,只需一喷一擦,去污、除尘、上蜡一次完全,用后散发柠檬清香。

一、适用范围

各种木质、皮革、聚酯、防火胶板、漆、大理石家具表面、家用电器表面等。

二、使用方法

用前请先摇匀,在距离物品表面15厘米处轻轻一喷,再用柔软干布来回揩拭;小物品或缝隙,可先喷在干布上,然后擦拭。

三、注意事项

切勿将瓶戳破或在火源附近使用。不宜用在地板上,以免滑倒。勿让儿童玩耍。

上海××有限公司

公司地址:×××××××× 　　 联系电话:××××××××

思考:上面是一则产品说明书,说说看产品说明书与产品解说词有何区别?

例文2:

××骨贴

你还在为风湿骨病疼得坐卧不宁吗?你还在为颈肩腰腿疼而彻夜难眠吗?××骨贴,风湿骨病治疗再升级。××骨贴,依据自然界神秘的黄金理论,首创白天、晚上分时用贴,药效更集中。一贴止痛,三盒治病。××骨贴,哪里痛就贴哪里,贴贴都管用,贴贴都健康。××骨贴,根据人体的生理特性,一热一凉,热凉互补,分型施治,药效更猛,更透彻。请认准××生产的××骨贴!

思考:上面是一则广告,说说看广告与产品解说词有哪些区别?

任务引领——【写一写】

辣椒粉是我们生活中常用的一种香辛料。辣椒粉作为一种产品,方便了我们的生活。请你选择一种辣椒粉作为对象,写一则产品解说词。(提示:最好选择一种比较有特点的辣椒粉来写,比如产自于四川、湖南、陕西等地的辣椒粉,这些都非常出名,也有话可说)

_____
_____
_____
_____
_____

学习要点——【想一想】

关于产品解说词的写作,上面已经谈了很多,这里再强调几点:

第一,千头万绪抓要点。产品解说词讲究简洁,但该说的不能少说,特别是那些能充分体现产品特色和价值的部分,更是不能省略。例如,有一则宁夏枸杞的产品解说词是这样写的:"本品选用宁夏中宁枸杞,经现代工艺精心筛选,皮薄肉厚,籽粒少,果实硕大,食谱多样,老少皆宜。"这里,缺少了为什么要选宁夏产的枸杞的原因。

第二,术语运用要适当。前面我们强调过,产品解说词,不能弄成技术参数汇总表。但是,在一般表述很难准确到位的情况下,我们也可以适当运用技术术语。如:"调整了领驳头宽度、口袋斜度、下摆弧度。"(某系列西服解说词)

第三,关键数据要准确。我们知道,要把一个东西介绍清楚,往往离不开具体数据。我们要给出产品中的关键数据,而且还要经得起推敲。例如,"岐山醋至今已有三千多年的历史"(某香醋解说词),"发酵池老(最老的达 600 年)"(某白酒解说词),"单不饱和脂肪、多不饱和脂肪合计平均含量达 87%"(某葵花籽油解说词)。至于有些数据,无法确切查证的,那也要妥善处理,比如可以加上"传说"二字。

熟能生巧——【练一练】

一、填空题

1. 对产品进行解释说明的应用文书,就是_____。
2. 产品解说词是以_____为主要表达方式的一种文体。
3. 产品解说词的写作基本要求为:对_____的熟悉和了解,扎实的_____功底,以及学会_____。
4. 对于产品解说词的写作,我们应注意:在纷繁复杂的头绪中,要抓_____;术语的运用,一定要注意_____;对于产品解说词中的关键数据,我们一定要做到_____。

二、评析题

在产品解说词中,下列说法恰当吗?为什么?

1. 今年二十,明年十八。
2. 有效日期:20××年8月13日。
3. 枸杞浑身都是宝,据《本草纲目》记载:春采枸杞叶为天精草,夏采枸杞花为长生草,秋采籽为枸杞籽,冬采根为地骨皮。它的叶、花、果、根均可入药,是名贵的中药材。
4. ××酒有 8000 年的生产历史。
5. ××玉佩,女人添媚;××玉佩,男人心醉。

三、写作题

五粮液是中国名酒,请为它写一则产品解说词。

_____

_____

_____

_____

任务十八　餐巾折花解说词

情境描摹——【听一听】

小郑周五来到浦东某五星级酒店实习,在宴会厅,客人对餐桌上造型精美的餐巾折花大加赞赏,纷纷问小郑:"这是你们折的吗?这是菊花吗?那是企鹅吗?那个是什么?为什么两朵叠在一起?"

餐巾是宴会必备用品;将餐巾折成"花"更是一件艺术品。餐巾折花被称为一门艺术,它必然有其文化内涵。对于餐巾折花,我们可以通过解说词把它们更完美地展示出来。

例文举要——【读一读】

下面是一则"星光计划"大赛获奖选手撰写的餐巾折花解说词。

企 鹅 漫 步

企鹅是生活在南极洲的动物,它憨态可掬,《辞海》说它"常在岩石上作跳跃式行走,立时昂首如企望状",所以有这个名称。我们祝愿各位小主人像企鹅一样活泼可爱,永远向往着理想的目标。

点评:

这则餐巾折花解说词,作者用极简洁的语言,比较圆满地点出了"企鹅漫步"的艺术构思,揭示出作品的内涵,为餐桌平添了不少喜庆与愉悦。

知识概述——【学一学】

一、什么是餐巾折花解说词

餐巾折花解说词就是对餐巾折花这一艺术作品进行解释说明的话或者文字。餐厅服务工作人员应该提升服务的文化内涵,激发人们对作品的欣赏兴趣,给人以美的陶冶和享受。在星级服务中,对作品的深入理解是完全必要的。

二、如何写餐巾折花解说词

作为标题来说,一是要紧扣中心,点出构想;二是要突出神似,引人联想;三是要简洁明了,富有情趣。例如,"两朵月季花"远不如"心心相印"传神。命名方法可以相似或相关联的事物命名,或者以富有启发性的成语或故事命名。

当然,对于餐巾折花解说词来说,最重要的还是在内容方面。一般说来,内容上符合以下要求。

1. 语言准确，契合现场

如果语言不准确，会引起听众的疑惑。语言本身除了准确之外，还得与现场的氛围相契合。如："……向日葵是向往光明之花，象征着健康、快乐、活力，追求积极的人生，永远有积极的心态。这个折花预示着生活要如葵花一般，在阳光中绚烂地绽放。"这段解说与客人距离太远，可以改成："我们祝愿大家的生活如葵花一般，在阳光中绚烂地绽放。"

2. 吉祥喜庆，欢快愉悦

对于餐饮服务来说，客人的高兴和满意就是服务的目标。在解说词中，一定要注意这一点。比如，在婚宴上常常使用的由两朵"月季花"构成的"心心相印"造型折花，在其解说词中就可以加上这么一句："我们祝愿两颗相爱的心融合在一起，交相辉映，共同绽放。"

3. 突出重点，直奔主题

餐巾折花解说词一般只有两三句话，点明主题即可，但必须围绕中心，不能拖沓。

4. 融合文化，增加内涵

我们可以对成语典故、古诗词等加以应用。首先利用现代信息技术进行资料的搜集，最终筛选出最佳元素。如"葵花向阳"折花作品，其解说词引用了宋人杜纯佑《鄜台》中的诗句"向阳花木齐教放，天下无春似此间"。

指点迷津——【说一说】

例文 1：

> 动物类的盆花折法简易，以叠为主。脚生于身体最下部，前肢成鳍状，故呈直立姿势。它体现了企鹅的可爱与活泼。由于其突出的高度，一般作为杯花中的主人位花型。

思考：上面是一则餐巾折花要点说明，它能代替餐巾折花解说词吗？

例文 2：

> 企　　鹅
>
> 企鹅是一种生在南极的动物，它憨态可掬，脚生于身体最下部，前肢成鳍状，故呈直立姿势，体现了企鹅富有神采、活泼可爱的形象。此折花深受小朋友的喜爱，由于它突出的高度，可作为小朋友生日宴会上的主人位花型。

思考：
① 以上这则餐巾折花解说词，你认为有哪些地方需要修改？
② 这则解说词的原标题为"企鹅"，你觉得可以进一步修改吗？

 任务引领——【写一写】

餐巾折花作品中有一款矢车菊折花，它造型奇特，引人注目。一位同学查找资料后，写了如下一段解说词。

> 象征幸福的矢车菊的故乡在欧洲。它原是一种野生花卉,经过人们多年的培育,它的野性少了,花变大了,色泽变多了,有紫、蓝、浅红、白色等品种,其中紫色、蓝色最为名贵。在德国的山坡、田野、水畔、路边、房前屋后,到处都有它的踪迹。它以清丽的色彩、美丽的花形、芬芳的气息、顽强的生命力博得了德国人民的赞美和喜爱,因此被奉为德国国花。此外,它还是马其顿的国花。

这段文字对花本身的介绍过多,有喧宾夺主之嫌。我们关注的重点应该在"折花"作品上。通过我们的介绍,要使我们的餐巾折花作品活起来,要使客人感受到我们的折花作品的形和与之同在的神。其次,介绍的话语不宜过多,一定要简洁。

请你根据要求,动笔写一写(请加上标题)。

_____
_____
_____
_____

学习要点——【想一想】

要写好餐巾折花解说词,还应注意什么呢?

19世纪俄国著名的批判现实主义作家冈察洛夫说:"如果缺少了爱,一切的美妙景象都将黯然无光。"(《平凡的故事》)充满情,充满爱,才能使你的作品增色。

要写好餐巾折花解说词,使解说词富有情趣,更有品位,就必须做个有心人。我们不仅要能完成餐巾折花作品,而且要能深入理解作品的内涵及文化作用,用生动、恰当的语言表达出来,才能赢得听众的共鸣。

熟能生巧——【练一练】

一、填空题

1. 餐巾折花解说词就是对餐巾折花这一艺术作品进行_____的话或者_____。
2. 餐饮服务人员应该提升服务的____内涵,激发人们对作品的欣赏兴趣,给人以____的陶冶和享受。
3. 餐巾折花解说词的标题,一要紧扣中心,点出_____;二要突出神似,引人_____;三要_____明了,富有情趣。
4. 餐巾折花解说词的内容要求:语言____,契合现场;吉祥____,欢快愉悦;突出重点,直奔____;融合文化,增加____。

二、修改题

下面是学生写的几则餐巾折花解说词,请加以修改。

1. "和平鸽"解说词:

> 和平鸽是和平、友谊、团结、圣洁的象征,国际和平年的徽标就是用稻穗围绕着双手放飞一只鸽子的图案,它象征着和平、友谊和五谷丰登。这个作品预示着珍惜和平、热爱生活。鸽子作为和平的使者,也是世界重大庆典中必不可少的角色之一。

修改提示:对于和平鸽的象征意义,可借用已有的知识和经验,给解说对象带来愉悦和好感。同时,避免生硬的甚至是居高临下的说教。

_____

_____

_____

2."心心相印"解说词:

> 两朵同时绽放的月季花寓意着志同道合、情投意合、心领神会,两颗相爱的心融合在一起,共同绽放,故取名"心心相印"。这个作品是一种非常适合于浪漫婚礼中的餐巾花,热情的大红色口布烘托出了唯美而幸福的气氛。

修改提示:注意与现场契合,要符合解说者身份。

_____

_____

_____

三、探索题

利用搜索引擎、专业网站以及一些专用软件,搜集与餐巾折花作品有关的古典诗词,理解原意,进行筛选,并在班上进行交流。

任务十九　导游介绍词

情境描摹——【听一听】

蒋同学到××旅行社实习,她带着客人来到外滩,这时,就要用到导游介绍词。

游客来景区旅游,旅行社不仅要安全、准时的接送客人,而且要帮助他们更好地欣赏景区的景色,这时就需要导游人员加以讲解。

例文举要——【读一读】

龙华景区概况

各位游客,今天我们要前往的是位于上海市中心西南方向的龙华景区。那么在此之前呢,我想先把龙华景区的概况给大家做个介绍。

龙华景区景点众多,主要有龙华寺、龙华塔、龙华旅游城和龙华烈士陵园等。它地理位置优越,紧邻繁华的徐家汇商业圈,周边还有徐家汇天主堂、徐光启墓、桂林公园、上海体育场、上海植物园、黄道婆墓等旅游景点。

龙华景区是上海地区最早的人文景观,因为一座千年古刹龙华寺而得名。相传远在三国时,有一个叫康会的僧人于吴赤乌五年(公元242年)在这一带搭茅棚供奉佛像,并向吴帝孙权请求在江南弘扬佛法,这便是龙华寺的雏形。赤乌十年(公元247年)孙权为了报答母亲的养育之恩,在江南建了13座佛塔,龙华塔就是其中之一。由于寺、塔主供弥勒,而弥勒是在华林园龙华树下成佛,故寺、塔以"龙华"命名。

龙华景区的特色用一句话来概括,就是文化的多样性和旅游的丰富性。主要表现在三个方面:

第一个方面就是佛教文化的精彩和佛教旅游的盛行。龙华寺的历史悠久,寺院布局充分体现了中国古建筑的壮丽恢弘。龙华寺的每一处殿堂佛像众多,妙相庄严,充分表现了我们佛教文化的魅力。龙华寺的每一件文物,每一样法器,无不折射出中华佛教文化的光辉,其中龙华塔是全国重点文物保护单位。这些都为龙华地区旅游业的发展提供了有力的保障。

第二个方面就是革命文化的传承和红色旅游的开辟。作为景区重要景点之一的龙华烈士陵园素有"上海雨花台"之称,是上海近现代历史的重要演绎地之一,也是国家级红色旅游胜地。其中的"二十四烈士就义地"是全国重点文物保护单位。党和国家领导人曾分别为陵园的园门、纪念碑、纪念馆题词。每到节庆假日,特别是清明时节,成千上万的人民群众到这里来悼念革命先烈。这里也是进行爱国主义教育最生动的课堂。

第三个方面就是龙华景区的民俗风情。一年一度的"迎新年,撞龙华晚钟"活动是唯一传承至今的"沪城八景"之一,2009年这一活动在"新沪上八景"海选中荣获"终身成就奖"。在撞钟活动举行的这一天,成千上万的人来到这里。子夜时分,108响钟声响起,成为旅游节庆的一个亮点。还有每年的三、四月份,融宗教、文艺、美食、购物于一体的龙华庙会在这里举行,至此已有四百多年历史。在龙华旅游城,你可以处处感受到江南的风俗民情,令人流连忘返。

好了,我们的旅游巴士已经到达龙华景区,下面请各位跟我一起下车参观游览。

点评:

这篇讲解词比较全面地介绍了龙华景区,资料取舍得当,重点突出,条理很清晰。

知识概述——【学一学】

一、什么是导游介绍词

导游介绍词是对景区景点加以解说的话或者文字,即通过导游的语言,对景区景点的自然景观和人文景观加以深入介绍。

旅游行业有句名言:"祖国山河美不美,全在导游一张嘴。"这话虽说是艺术的夸张,但它的确道出了导游人员景区景点讲解词的重要性。美学老人朱光潜说:"有审美的眼睛才能见到美。"(《对于一棵古松的三种态度》,见《朱光潜美学文集》第1卷)法国雕塑艺术大师罗丹也说过:"美是到处都有的。对于我们的眼睛,不是缺少美,而是缺少发现。"(《罗丹论艺术》)所以说,要真正欣赏景区景点,离不开导游人员的讲解服务。

二、导游介绍词的内容

虽然景区景点的讲解,针对不同的客人可以对内容有所调整,但是基本内容是不变的,而变化的内容也必须围绕着基本内容为核心去展开。因此,对于导游介绍词的基本内容,我们必须了然于心,也有必要落实到纸面上。一般来说,其基本内容是:具体地理位置介绍(辅)、景区景点组成概说(辅)、人文知识和自然景观特点解说(主)。其中,最后一项可以包括在历史和现实中的地位等。

指点迷津——【说一说】

例文1:

接下来,我们要去的目的地是什么呢? 是富有上海特色的景点——大观园。相信大家都知道中国古典四大名著之一的《红楼梦》吧? 书中贾宝玉与林黛玉的爱情痴迷了几代人。《红楼梦》中描绘了一座"衔山抱水建来精,天上人间诸具备"的大观园可谓人间盛景,引得众人寻索论说。如今,我们就要去这座"天上神仙府,凡尘帝王家"的大观园! 这不值得期待吗? 它坐落于上海青浦淀山湖畔,是国内首座依据《红楼梦》描述的绝妙情境而建造的海派寻梦乐园。好了,谈笑之间,我们的目的地也到了,请大家不要忘记自身物品,按顺序下车。现在,我们已来到大观园的大门之前,请大家跟随我的脚步,共同去观赏这座"人间神府"吧!大观园融合了北方园林的粗犷气派和南方园林特有的精细,巧妙地将工、巧、奇、趣、变化无穷融为了一体,带给人一种惊叹的感觉。园区可分为东西两部分。我们现在已经来到了东区。东部园区以植物造景为主,用亭、廊作为点缀,具有江南水乡的自然风貌。观赏好了东区之后,我们要去观赏西区了。西区,它重楼翘角,萝薜清香,别有情趣,传神地将荧屏上出现的美景再现在我们的眼前,这座人们口中众说纷芸地"人间神府"不再是可望而不可及了,让人亲自走入《红楼梦》中,令人向往的尘间美景……

思考:以上是一则大观园景点的导游介绍词,说一说它存在哪些问题。

例文2:

我们今天的目的地是位于外滩的和平饭店。刚刚大家抵达的机场是虹桥机场。上海虹桥机场位于上海市西郊,距市中心仅13千米,建于1907年,占地面积264平方千米,年旅客吞吐量4000万人次,拥有跑道和滑行道各一条。它是一座先进、宏大、一流的机场。处于春节中的上海,一直都是非常忙碌的。虽然雨天还是非常密的,但不失热闹。大家知道上海的简称吗?上海的简称是"申"和"沪"。上海属于亚热带湿润季风气候,四季分明。上海同北京一样,历史悠久。现在我们处于的是延安东路高架,有了它,行驶是非常便利的。上海有非常便捷的交通,像京沪线、沪杭线,都很高科技。延安东路本为黄浦江的一条支流——洋泾浜,1845年被租界所占,1945年,国民政府收回租界后把道路易名为中正东路,经过多年发展,成为现代的延安东路。延安东路隧道,穿越黄浦江连接浦东新区,在1989年5月1日通车。大家请看向我手指的方向,这所学校是上海戏剧学院。上海戏剧学院是我国培养电影、电视、广播专门人才的高等艺术学院。它在国际戏剧与电影电视界具有相当大的知名度,戏剧戏曲学是该院的主要学科,1999年被列入上海市重点学科,2007年被列入国家重点学科。这四个字"上海博物馆"大家看到了吗?上海博物馆是一座大型的中国古代艺术博物馆,陈列面积2800平方米,馆藏珍贵文物12万件,其中尤以青铜器、陶瓷器、书法和绘画作品为特色。上海博物馆创建于1952年,曾到香港、日本和美国展出。一路上的树木,大家知道上海市市花是什么吗?对,就是白玉兰,花儿朵朵向上,寓意上海蒸蒸日上。我们的目的地外滩也快到了。外滩位于黄浦江畔,大家可以看到春节期间,灯火辉煌。外滩是上海的一道风景线,来沪的游客们一定会来这里一览风光。外滩又名中山东一路,全长约1.5千米。它的西面由哥特式、罗马式、巴洛克式、中西合璧式等的52幢风格各异的大楼组成,被称为"万国建筑博览群"。外滩的对面是陆家嘴,有东方明珠、环球金融中心等。上海真的是很值得来的。新春佳节活动也很多哦。接下来,我们就要入住酒店了,为明天以及往后的行程做准备。和平饭店是上海最繁华的宾馆,被誉为"远东第一楼"。就是这座大酒店,设施一流。在这里提醒大家注意安全,保管好自己的随身物品,也祝大家做个美梦,玩个尽兴!

思考：说一说以上这则导游介绍词有哪些不当之处。

任务引领——【写一写】

现在是信息社会，虽说通过搜索，我们可以找到各种景区景点的资料，但是，我们面对这些浩如烟海的信息时，对之加以比较、筛选和重新组织是必不可少的。

外滩是上海最著名的旅游景点之一。请大家查阅有关资料，写一篇关于外滩的导游介绍词。

_____
_____
_____
_____
_____
_____
_____
_____

学习要点——【想一想】

撰写景区景点讲解词应注意哪些问题呢？

一、点面结合，准确有据

所谓"点"，就是概括介绍；所谓"面"，就是具体的重点介绍。只有这样，才能做到翔实丰富，同时中心突出。内容方面，要讲求科学性，内容不准确是大忌。当然，即使有争议，导游也要做到心中有数，如对"外滩"的命名由来，应该有一定的了解。在讲解词中，必要时还可以加"一种流行的说法是……"、"据说"之类的话。而应该介绍的内容，我们一定要介绍，那么，在有限的篇幅内，就要求我们做到精细布局，详略得当。

二、有条不紊，清晰自然

讲解词最终是以口头形式呈现的，它有转瞬即逝的特点，如果条理不清晰，可能会使人厌烦。导游讲解的内容即便比较丰富，也要力图使它条理化，让游客能更轻松、自然地接受。比如，可以使用"第一"、"一是"、"还有——……"等提示性的词语。

三、语句通畅，亲切感人

口语化的表述落实到纸面上，我们就可以清楚地看到语病，语句方面不能不经过"推敲"。与此同时，一些书面化的材料可以改编为更便于直接理解的语句式，或者加上注释。

熟能生巧——【练一练】

一、填空题

1. 导游介绍词是对景区景点加以解说的_____，即通过导游的语言对景区景点的_____景观和_____景观加以深入介绍。

2. 美学老人朱光潜说："有审美的眼睛才能_____。"法国雕塑艺术大师罗丹也说过："美是到处都有的。对于我们的眼睛，不是缺少美，而是缺少_____。"

3. 讲解词撰写要注意：_____结合，_____有据；_____不紊，清晰自然；语句_____，亲切感人。

二、问答题

阅读以下导游介绍词并回答问题。

> 各位游客，大家好！
>
> 今天，我们将要去的是上海的外滩游览区。_____它们也是外滩游览区的重要支架。
>
> 大家知道为什么把这里称为"外滩"吗？黄浦江在进入上海县城时，在陆家浜处形成了一个急弯，上海人便以此为界，将其上游称之为"里黄浦"，下游称之为"外黄浦"。自然而然的，上游的滩地就被称为"里滩"，下游的滩地就叫做"外滩"。
>
> 外滩分别在20世纪90年代和2010年上海世博会前夕经过两次大改造。第一次的改造主要是为了解决防汛安全和交通功能的问题，而在上海世博会前夕，即2009年9月到2010年3月的改造主题是最大限度地打造最经典的外滩滨水区，最大限度地保留和展示历史文化建筑风貌，同时也为市民和公众打造一个最舒适的公共活动空间，充分演绎"城市，让生活更美好"的世博主题，使之能成为与法国巴黎香榭丽舍大街等国际著名街道相媲美的高品质生活街区，也能成为上海一道新的城市景观。
>
> 这次涉及中山东一路外滩段的改造工程有：将外滩防汛平台的二层结构扩建为三层结构，修建地下通道，将地面原本的双向十车道缩减为双向四车道，并在道路两侧各设一条备用车道，供临时停车用，扩建或增设陈毅广场、黄浦公园广场、延安路广场、金融广场等四大广场。改造完成后的外滩游览区会被融入北起苏州河、南至上海客运中心十六铺，岸线总长为1.8千米的外滩滨水区。相信经过改造后的外滩会令大家更加喜欢。
>
> 每个来到外滩的人都会被它迷人的景致所深深吸引，由衷地感叹它是人文景观和自然景观的完美结合。相信大家一定会在这里留有一段美好的回忆。

1. 第一自然段中省略了一部分文字。这部分文字应该是写外滩的_____和概况。你能把它补写出来吗？

_____

_____

2. 这篇讲解词介绍了外滩名称的由来。你还能找到其他不同的说法吗?

任务二十　广播词

情境描摹——【听一听】

广播作为简单、有效的通信手段，始终为我们提供着可靠的服务。在人们出行乘坐交通工具时，通常会通过广播来了解重要的信息。比如在机场等候飞机，我们会听到各种关于航班起飞、降落或延误等广播；在登机后，空乘人员会提醒我们注意起飞前的安全事项；在飞机颠簸时，空乘人员会善意地用广播提醒我们各项安全保护措施。乘坐地铁时，地铁运营商会在地铁车站的不同区域为售票、检票、进站、候车、出站、换乘等播报不同的服务用语和有关注意事项。因此，无论是飞机还是地铁，为了保证正常顺利的交通运营，都要依赖一种应用文——广播词。

例文举要——【读一读】

飞机起飞前广播

女士们、先生们：

你们好！欢迎您乘坐上海东方航空公司MU52××次航班前往桂林。本次航班飞行距离是800公里，预计飞行时间为1小时30分钟。飞机很快就要起飞了，请您系好安全带，收起小桌板，调直座椅靠背，并打开遮阳板。本次航班全程禁止吸烟，请您遵守系好安全带、禁烟信号灯和客舱相关指示牌的指示。

我们全体机组成员非常高兴与您同行，祝您旅途愉快！

谢谢！

点评：

这是一则飞机起飞前广播，首先亲切地问候了乘客，然后告知了乘客关于本次航班的航班号、目的地、飞行距离和时间，以及关于乘坐飞机需要注意的各项安全事项，告知明确，语言得体。

知识概述——【学一学】

一、什么是广播词

广播词是专供各类广播电台或公共活动场所的广播站所使用的文件。广播词在机场和地铁内是一种重要而又普遍的宣传形式，它是航空机组人员或地铁工作人员提供广播用的稿件，也是一种常用的应用文文体。

二、广播词的特点

① 传播速度快；
② 传播范围广；
③ 主要适合听觉；
④ 篇幅短小，不宜过长；
⑤ 一事一报。

三、广播词的结构

广播词的结构通常由标题、称呼、正文、结尾等部分组成。与一般应用文不同，它没有落款和日期。具体内容包括：

1. 标题

广播词的标题通常是"播报主题＋广播"的模式。比如"客舱安全设备示范广播"、"飞机起飞广播"、"地铁延误广播"、"地铁换乘广播"等。

2. 称呼

标题下面一行顶格写称呼。飞机广播词的称呼除重要乘客需用特殊敬语称呼以外，基本上都是以"女士们、先生们"来称谓，一定要注意国际礼仪中以女士为先的准则。地铁广播词的称呼一般为"乘客们"。

3. 正文

广播词正文依次写以下内容：

① 致问候语或欢迎词：上午好/下午好！欢迎您乘坐××航空公司班机/欢迎乘坐轨道交通×号线。

② 交代本次广播的主题，如：客舱安全设备示范广播，专讲飞机的安全设备如何使用；起飞广播，专讲飞机起飞注意事项；地铁换乘广播，告知列车换乘方法等。一定要明确每条广播的主题内容，这样才能让乘客知道，听到这段广播词的自己要做什么事情。

4. 结尾

结尾应写上感谢词。飞机或地铁广播词一般说"感谢您的合作"或"谢谢"，在正文下面一行空两格写,加上感叹号。

❓ 指点迷津——【说一说】

> 飞机颠簸广播
> 各位旅客,你们好!
> 　　我们的飞机遇有轻度颠簸,请你回原位坐好,系好安全带,并且暂时不要使用厕所。在此期间,我们不为大家提供客舱餐饮服务了,等颠簸完了,我们将给你们提供咖啡和奶茶等饮料,请耐心等待。谢谢!
> 　　　　　　　　　　　　　　　　　　　东方航空公司乘务组
> 　　　　　　　　　　　　　　　　　　　2015 年 8 月 12 日

思考:
① 这则广播词格式是否正确?
② 语言表述是否妥当,指令是否清晰?

✎ 任务引领——【写一写】

任务一:请对【说一说】环节中的那则飞机广播词进行改写。

_____
_____
_____
_____

任务二:某日下午三点左右,由于地铁 2 号线从徐泾东开往浦东国际机场方向的列车出现运营故障,不能准点到站,地铁运营商特广播通知,提示乘客酌情考虑出行方式。请就以上内容编写一则广播词。

　　写作提示:①造句简单;②词句通俗;③体现标点符号的作用;④作好必要的解释和重复;⑤一事一报;⑥使用文明用语,多用敬语。

_____
_____
_____
_____

学习要点——【想一想】

编写广播词时,除了格式正确外,还应特别注意什么?

在广播词的写作要求中,我们必须考虑"广播"的特点,即要借助有声语言把稿件内容传达给别人。写作时应特别注意以下几点。

一、用语规范,通俗易懂

广播词的各项指令事宜要写得明白易懂。听觉的临时记忆只有6~10秒的时间。看起来顺眼的文章,听起来却不一定顺耳。广播词的遣词造句要通俗易懂,朴实无华,念起来要顺口,听起来要省力,要符合口语的习惯。因此写稿时,用词要避免同音歧义和同义反复,句子要短,难懂的词语、别扭的句式都不能用。否则,听者容易听不明白。

二、内容集中具体

广播词的内容要集中、突出、具体,这样才能吸引人。飞机广播词一定要抓住典型事项,明确指令,突出重点,简洁集中。

三、注意人称,多用敬语

广播词是通过广播念出来给听者听的,写稿时要考虑到让听者享受到高品质的服务,有备受尊敬的感觉,因此称呼上必须使用敬语"您"而不是"你",让听者听起来顺耳并感到亲切。

四、结构简洁明了

广播词在文章的结构上要尽量做到层次分明,上下连贯,线索单一,过渡自然,呼应紧密,结构紧凑。

五、一事一报

一篇广播词播报一个主题就够了,不要把几个主题放在同一篇广播词里,从而使其内容混杂。一事一报可以使内容集中化、单一化。

熟能生巧——【练一练】

一、填空题

请将该则广播词的内容补充完整。

_____1_____

女士们、先生们:

欢迎您乘坐中国东方航空公司航班 MU56××,前往北京。由上海至北京的____2____是1178公里,预计空中____3____是1小时50分。现在飞机马上就要起飞了,乘务员将进行客舱安全检查,请您系好____4____,收起____5____,调直座椅靠背,并请打开遮阳板。本次航班全程禁止____6____。

我们全体机组成员非常高兴与您同行,祝您旅途愉快!

二、判断题
1. 飞机和地铁等广播词一般没有标题。（　）
2. 飞机广播词中的称呼应该是"旅客朋友们"。（　）
3. 飞机和地铁等广播词一般要求一事一报。（　）
4. 飞机和地铁等广播词多用敬称"您"。（　）
5. 飞机广播词上的落款要另起一行,交代自己的航空公司。（　）

三、写作题
海南航空公司从北京飞往上海的MU83××次航班已经平稳飞行在空中,现在机组人员即将为乘客们提供客舱餐饮服务,请你为空乘人员编写一则客舱餐饮服务广播词。

提示：
① 措辞要亲切大方；
② 播报语句需通俗易懂；
③ 播报主题要明确,注意本次主题为"提供餐饮服务",其他注意事项可不提；
④ 所提供的餐饮品种不必全部列出,但是请提示需要用餐的旅客放下小桌板,调整座椅,以便乘务员提供餐饮服务。

附录:参考答案

上篇:职场新人篇

【个人发展模块】

任务一 自荐信

指点迷津——【说一说】

这份自荐信需要修改的地方大致如下:

1. 首行未写明"求职信"或"自荐信"。
2. 称谓未顶格写。称谓写"尊敬的领导"或"尊敬的人事经理"较合适。
3. 文末祝语"此致 敬礼"书写位置有误,"敬礼"应顶格写且不用标点。
4. 缺少写信日期和电话、地址等联系方式。
5. 正文首段"自信未来我将成为比尔·盖茨第二"和文末"为中国互联网和贵公司的发展作出自己的贡献"等句表达尽显幼稚浮夸之气。
6. 未写明具体应聘哪个职位。

任务引领——【写一写】

任务一:略。

任务二:略。

任务三:

自 荐 信

尊敬的英博伟业贸易有限公司领导:

您好!

感谢您在百忙之中审阅我的求职材料。

我是××市文达职业技术学校外贸专业的一名应届毕业生。今日我应聘贵公司的前台接待和行政一职。

本人在校学习期间,认真踏实,勤奋严谨,成绩良好,基础知识扎实,专业课程成绩过硬,实践动手能力较强,善于把学到的理论知识运用到实践中。本人多次获得校奖学金和文娱、体育活动积极分子等多种荣誉称号。(详见随后所附简历)

我们学校是全国示范性重点职校,不仅管理严格,课程设置也符合社会需求和市场发展。本人通过三年学习,不仅学习了语、数、外等基础课程,也学习了应用文读写、文秘写作、外贸英语、进出口业务、会议布置、电子商务、礼仪、心理学等专业课程，为胜任前台接待和行政之职打下了扎实基础。

在努力学习的同时，我也注重各方面素质的提高。我曾先后担任班级宣传委员、校学生会生活部副部长，在社会工作中培养了较强的组织协调能力以及良好的合作精神，能吃苦耐劳、承受压力。

学习之余，我利用假期开展社会实践，曾先后到家乐福超市、肯德基等单位打工实习。在三年级下学期由学校安排在中华艺术宫做前台接待，工作半年，积累了一定的工作经验。

美国脱口秀女王奥普拉·温弗瑞曾说："无论你一路上经历到怎样的挑战、挫折和绝望，如果你自始至终都只有一个目标，你就会找到真正的成功和幸福。这个目标就是——作为一个人，你要活出你作为一个人最大可能的最真实的自我。你愿意把你的自我最大化，用你的能量让自己变得更好，让你的家人和身边的人变得更好。"勤奋、务实、自信、乐观的我一定会努力挖掘自我的最大能量，让自己和身边的人更好。同样地，如果有幸能够加盟贵单位，我坚信能够对新的工作和新的知识进行快速的学习和掌握，较快地胜任新的工作，让我和我的工作、我的公司变得更好。

随信附上我的简历。如有机会与您面谈，我将十分感谢，并在此致以最诚挚的祝愿。祝愿公司蒸蒸日上。

此致

敬礼

自荐人：孙洁
二○××年六月十日

联系方式：××市浦东新区锦绣路×××弄×号×××室
邮编：200×××
电话：136×××8760
邮箱：16613×××@××.com

熟能生巧——【练一练】

一、填空题

1. 求职；书信；求职；求职理由。
2. 标题；称呼；结尾。

二、问答题

自荐信主要包括以下内容：

① 简单的自我介绍，包括姓名、毕业院校及所学专业等；
② 说明自己期望能在该单位任何职；
③ 详述自己对该单位和该职位感兴趣的原因以及自己从事此工作具备哪些资格等。

三、写作题（略）

任务二 简历

指点迷津——【说一说】

这则简历的主要问题是内容过于简单。比如"自我描述"一栏中写"有淘宝开店半年的经验……但是做得不够好",表达很不清晰。具体开什么类型的店?销售情况如何?不够好的原因是什么?通过开店得到了什么具体经验?求职者的经历和经验是应聘成功的重要因素,一定要写清楚。在"语言技能"一栏中,作者写"普通话:很好 英语:较好",给人第一印象是他的自我表达能力有问题。因为"很好"、"较好"是模糊的概念,不如直接写明程度等级,尤其标明所获证书等级。

任务引领——【写一写】

写作提示:原则是如实具体地写。下面这份简历仅作参考,请依个人情况酌情增减。

个 人 简 历

求职意向: 前台接待/行政

个人概况:

姓名: 张×× 性别: 女

出生年月: ×××× 年 ×× 月 ×× 日 健康状况: 良好

毕业院校: ××职业技术学校 专业: 外贸

电子邮箱: ××@×××.com 联系电话: 6532××××

通信地址: ××市××区××路××号××室 邮编: 200×××

教育背景:

2011年~2014年 ××职业技术学校外贸专业

(1) 主修课程:

进出口贸易业务、外贸单证、外贸英语、应用文读写、文秘写作、电子商务、礼仪、职业道德、心理学等(注:如需要详细成绩单,请联系我)

(2) 英语水平:

* 基本能接听电话,写作简单的外贸书函
* 上海市市民英语等级测试初级证书。颁发时间:2012年6月。颁发机构:上海市教育局考试中心

(3) 计算机水平:

* 熟练掌握 Word、Excel、PPT 等操作。中文五笔打字速度每分钟70字。
* 上海市市民计算机考核初级证书。颁发时间:2012年12月。颁发机构:上海市教育局考试中心
* 办公自动化中级证书。颁发时间:2012年12月。颁发机构:上海市劳动局

(4) 普通话水平:

* 全国普通话水平测试等级考试二级甲等。颁发时间:2013年11月。颁发机构:国家语言文字工作委员会普通话培训测试中心

另有国际商务单证员证书。颁发时间:2013年6月。颁发机构:上海市外贸行业协会

获奖情况：
2011年10月　校园歌手比赛二等奖
2013年5月　全国职业学校"文明风采"征文比赛二等奖
2014年1月　校优秀学生奖
2014年6月　校优秀实习生奖
实践与实习：
2011年7月—8月　肯德基售货员工作
2012年9月—12月　中华艺术宫前台接待工作
2014年1月—6月　远翔货运代理公司单证工作
个性特点：
1. 乐观自信，语言表达能力强，普通话标准。
2. 对己严格自律，对人个性随和。
3. 工作耐心细致，认真敬业。
希望我能为贵公司贡献自己的力量！

熟能生巧——【练一练】（略）

任务三　短信

指点迷津——【说一说】
提示：
例①：应写"祝新年快乐"，而不应该是"大年三十过得快乐"。此外，应加上自己的姓名。
例②：这条短信编辑得很好。句末句号可改为感叹号。
例③："和"为错别字，可改为"合"或"阖"。句末句号可改为感叹号。此外，应加上自己的姓名。
例④：正确。
例⑤："你"统一作"您"。句末句号改为感叹号。
例⑥：本条短信不妥，发信人未注意到短信阅读对象的身份，而且没有写自己的姓名。
例⑦：这条短信是典型的"膏药"帖子，随手转发，给人印象不是十分好，最好改为自己编辑的短信。

任务引领——【写一写】
任务一：

① 我没有五彩的鲜花，没有浪漫的诗句，没有贵重的礼物，没有兴奋的惊喜，只有轻轻的祝福：小明，生日快乐！你的好友：马××

② 小明，今天是你的生日，祝你生日快乐！希望我们友谊永长久！你的好友：马××

任务二：

提示：

例①：此条短信编辑得有些太草率了，缺少了些诚意。

例②：措辞让人不太舒服。

例③：这样的祝福不太合适。

熟能生巧——【练一练】

一、填空题

1. 文字信息。

2. 内容含糊不清；啰啰唆唆；垃圾；礼貌。

二、判断题

1. 提示：

第①条短信给朋友的感觉非常不舒服，"来找我"往往是让对方帮忙，而这里应该是一起去。而且关于时间、地点，都让人丈二和尚摸不着头脑。

第②条短信的地点范围太大。

第③条短信地点有了（还可以更细一点），可惜时间不清楚。

第④条短信正确。

2. 提示：

第①条短信没有告知对方关键内容，即让母亲不必为你准备晚饭了。

第②条短信的意思是把母亲叫来吃饭，说明写作者没有读懂题目要求。

第③条短信，基本意思没有表达清楚，让收信人摸不着头脑。

第④和第⑤条短信正确。

3. 提示：

第①条短信中，感叹号滥用。

第②条短信缺少起码的人际交往礼仪。

第③条短信中的日期没有必要。其次，称呼对方为"语文课代表"，似乎不大合乎习惯。

第④条短信"课代表"三个字单独成句，莫名其妙。

第⑤⑥⑦条短信正确。

4. 提示：

第①条短信过于简单，没写清时间、集合地点等信息。

第②条短信文字不比上一条多，且问题更大，连什么事情都没写明。

第③条短信写作者没有读懂题目要求。"王亮"和具名都让人莫名其妙。

第④条短信，其中"勿必"的意思是叫同学们不必参加，显然是错误的，应改为"务必"。另外，日期也属多余。

第⑤条短信，其中"请务缺席"，就是叫大家一定要缺席的意思，也是典型的错误，应改为"勿"。

第⑥条短信错误太多：其一，"王亮"重复出现，前一处可删；其二，"务忘"应为"勿忘"；其三，参加对象不只是团干部，还包括全班团员；其四，时间、集合地点要强调。

第⑦条短信突出了重点，非常好。

5. 提示：

第①条短信应该告诉家长学校有什么事情,越不写清的话,家长就越心焦;如果是独生子女,署名就不必要了;日期也属多余。

第②条短信太短了,没有说明晚归的原因,会让家长担心。

第③条短信在这一组短信中写得最好。

三、改错题

1. 提示:

方××同学拟的这条短信,口吻不对。"好好招待"是吩咐晚辈的;"不要客气"一般是主人对客人说的。同时,手机上本来就显示时间和日期,用不着画蛇添足。另外,"以经"应改为"已经"。

2. 提示:

带队老师给你发短信询问情况,显然知道你是谁,因此没必要把你的姓名等信息再复述一遍。"在找您"应改为"再找您"。

3. 提示:

带队老师关心的是学生是否安全到家,向老师报平安即可,其余的内容则为多余,"老人们"一句更是跑题。后面两句分句皆可删。

4. 提示:

这条短信没有实质内容,不符合校团委布置的"心得"要求,并且滥用了感叹号。另外,最好加上班级和姓名。

任务四 工作计划

指点迷津——【说一说】

这份计划的正文部分过于简略,并且缺少结束段落。

任务引领——【写一写】

任务一:

为了顺利通过本学期的 NIT 考试,也为了掌握扎实的计算机基础知识以提升能力,本小组特制订本学期学习计划如下。

任务二:

1. 于二月下旬召开一次植树造林会议,本区各机关、团体、学校、工厂的有关负责人及街道、乡的有关负责人参加。重点研究植树造林的各项准备工作,采取必要措施予以落实。

2. 加强各单位、各部门植树造林的领导工作,认真解决各单位存在的问题。

3. 抽调××名区干部由区绿化办公室统一安排到植树造林第一线做具体工作,直至今春植树造林活动结束。

熟能生巧——【练一练】

20××春计(1)班第八、九周"五四"爱国歌曲大合唱活动计划

为响应校团委发出的"活跃校园文化生活,进一步推进'学规范,促养成,树形象'主题教育活动,培育广大师生的爱国主义和集体主义情操"的号召,也为迎接学校的歌唱

比赛,本班拟定在第八、九周举行"五四"爱国歌曲大合唱活动,现制订计划如下:
一、任务
唱好爱国歌曲《义勇军进行曲》。
二、要求
1. 本班所有同学必须参加,不得缺席。
2. 统一服装。
3. 歌曲指挥者:×××。
4. 听从班主任、文艺委员安排。
5. 本班参赛目标:不低于二等奖。
三、方法和措施
1. 聘请张凤老师为辅导员。
2. 这两周的周一、三、五的课外活动在校多媒体教室进行歌唱训练。
3. 课后同学互唱,相互评议。
4. 在5月5日下午的课外活动中,请班主任检阅合唱的最后成果,以迎接学校比赛。
请同学们一定听从安排,遵守纪律,争做班级主人,搞好活动,搞好比赛。

20××春计(1)班委会

任务五　工作总结

指点迷津——【说一说】

修改1:补充标题"报社实习总结"。

修改2:第一段总结的前言,语言不够简明扼要,没有起到总结概括的作用,修改如下:从7月7日开始到8月1日,近一个月的时间,我在杭州日报报社记者部做了一名实习记者,现把这近一个月的实习情况总结如下。

修改3:结尾处应说明好经验带来的效果,可以提出今后的努力方向或改进意见。修改如下:作为一位实习新闻记者,尤其是社会新闻记者,看到老百姓因为你帮他们解决了问题而真心感谢你时,你会为自己有能力帮助别人改变现状而高兴,用心做人,用心做文,这是每一位新闻职业人应具备的职责。

任务引领——【写一写】

任务一:

时光飞逝,岁月如梭,转眼间学期已经过半。我们部门在新干事的加入后,充满了活力和热情,本着认真的态度,一步一个脚印,努力完成每一项任务。我们将会在失败中吸取教训,在成功中分享喜悦,将会在不断摸索总结中,走得更好、更远!以下为我们部门这两个月以来的工作总结。

任务二:

① 通过校园广播、宣传栏、黑板报等阵地,广泛宣传消防、交通、饮食卫生、校产使用与保管等方面的法律规章和安全常识,提高全体师生的安全意识和自我防护能力。

② 充分发挥升旗仪式、主题班会等阵地的作用,以学校"学生安全常规"以及"安全知识手册"为素材,大力加强学生良好行为习惯的养成,克服麻痹思想,让学生牢固树立"时时讲安全、处处讲安全"的思想。

③ 开展以学生安全教育为主题的征文和演讲比赛,提高学生自我教育、自我管理、自我服务和自我防护的意识和能力。

④ 认真组织全体教师深入学习和贯彻《教育法》、《教师法》、《中小学教师职业道德规范》以及《学生伤害事故处理办法》等相关法规,增强依法执教、依法管理的意识,杜绝体罚和变相体罚学生的行为,增强责任意识和防范意识,提高处理安全问题的能力。

熟能生巧——【练一练】

一、填空题

1. 总检查;总评价;总分析。　2. 前言;主体;结尾。

二、写作题

个人学期总结

时光如逝,岁月如流,一转眼的时光,一年的学习生活已经过去了,在本学年的学期末,特写此文以总结一学期学习的好与坏。

期末考试的好与坏都看这一年努力了多少,我这一学期的表现都会在这里展现。这一年来,在老师和同学们的关心、帮助下,我通过自身不断努力,在各方面均取得了一定的进步。

在同学之间的互相学习中,我体会到了知识就是人的力量源泉,没有专业知识、专业技能,成功不会与你相约,只有真正掌握、了解所学的东西,才能便于日后面对社会的种种问题。面对现今社会,我要不断地充实自己、完善自己,使自己能够成为适应这个社会的专业人才,将来我就能将我的所学完完全全地融入工作中去,所以现在是属于我们的知识储备期。

曾经有位老师对我们说过:人的机遇难求,当机遇来的时候就要好好地抓住它,如果你没有驾驭它的能力,那么你只能眼睁睁地看着它从你的身边溜走而无可奈何。与其到时后悔,不如现在好好储备自己的知识量,时刻准备着,等待着机会的到来。

总结以下几点:

第一,学习态度比较端正。我能够做到上课认真听讲,不与同学交头接耳,不做小动作,自觉遵守课堂纪律;对老师布置的课堂作业,能够当堂完成;对不懂的问题,会主动和同学讨论,或者向老师请教。

第二,改进了学习方法。为了改进学习方法,我给自己制订了一个学习计划:

① 做好课前预习。也就是挤出时间,把老师还没有讲过的内容先看一遍。尤其是语文课,要先把生字认会,把课文读熟;对课文要能分清层次,说出段意,正确理解课文内容。

② 上课要积极发言。对于没有听懂的问题,要敢于举手提问。

③ 做完每天的家庭作业后,先让家长检查一遍,把做错的和不会做的题,请家长讲一讲,把以前做错的题目经常拿出来复习。

④ 多读一些课外书。每天中午吃完饭,看半小时课外书;每天晚上做完作业,只要有时间,就再阅读几篇优秀作文。

第三,每天回家我先完成老师布置的作业,然后完成妈妈布置的家庭作业,做完作业再看一些课外书。虽然我每天这样努力学习,但月考时,我的成绩却不很理想。最后一次月考后,在老师和爸爸、妈妈的帮助下,我对自己的学习进行了认真总结,从中悟出了不少好的学习方法。

我有个不足的地方,就是有时听老师布置作业时不够专心,总是一只耳朵进,一只耳朵出,回到家里稀里糊涂,只好打电话问同学。在新的学期,我要提高成绩,改正错误,更加刻苦努力、一丝不苟地学习,争取每门功课都能取得好成绩,当一个名副其实的好学生。同时,我要关心集体,尊敬老师,经常帮助老师与集体做事。

×××

××××年××月××日

【职场通用模块】

任务六　博客

指点迷津——【说一说】

示例:纵观整个页面,图文并茂,相对而言,文字却"吝啬"不少,没有大段的描写或评论,只有画龙点睛式的旁白或建议——这里传递的信息是:博客应该尽量简短。

博主取名当然是个人所好,但好的名称或寓意深刻,使人浮想联翩;或诙谐幽默,使人于忍俊不禁中记忆深刻。上述博主取名"一手一机一视界"不仅读来顺口,而且"视"与"世"谐音,就把博主通过相机抓拍与网友分享他行摄经历的寓意表达无遗了。

最后,我们来欣赏他的博文题目。这篇博文的题目有七个字,却有四个"多"字。作者巧妙地在加拿大著名城市"多伦多"这个地名前再使用"多彩多姿"这个词语,不仅高度概括了他博文的内容是展现多伦多这座美丽城市的风貌,而且"多彩多姿"四个字言简意赅地说明了这座城市的丰富、变化和包容。

任务引领——【写一写】

任务一:略。

任务二:参照【说一说】示例。

任务三:

木里——香格里拉腹心处的世外桃源

作为中国最显赫的旅游品牌之一,"香格里拉"可谓是无人不知、无人不晓,但多数人对香格里拉的认知局限于云南的香格里拉县和四川甘孜州稻城县的香格里拉乡,殊不知在遥远的四川西南还有一个神秘的木里王国,也与"香格里拉"结下了不解之缘。英国作家詹姆斯·希尔顿在小说《消失的地平线》中,以木里县为原型,为世人描绘出一个美丽的世外桃源,书中提到的"香格里拉"一词,从此让众多驴友魂牵梦萦。

木里完全处于原始状态,因此对于摄影发烧友和背包一族来说,这是最新的景点线路,比稻城亚丁更胜一筹。

水洛贡嘎是由雪山及湖泊、牛场、森林、瀑布组成的高原风光,是香格里拉生态旅游大环线发展蓝图的核心区,在"香格里拉"片区中具有举足轻重的地位,是"香格里拉"这一名字的发源地。它由位于木里县境内的恰朗多吉和稻城县境内的仙乃日、央迈勇三座山完全隔开,方圆千余平方公里,但相距不远,由呈"品"字形排列的三座雪峰构成,合称为"贡嘎三兄弟神峰",被约瑟夫·爱弗·洛克赞为"裁剪过的金字塔"和"世界上最美的山峰"。

熟能生巧——【练一练】

一、填空题

1. 网络日志。

2. 网名;昵称。

3. 私人日记;企业博客。

二、问答题

1. 这篇帖子的行文模式简单却富含智慧:用寥寥两句话生动地描绘出了长白山秀丽的景色,从亲眼所见的美景是电子媒介无法传达的角度出发,鼓励人们走出去,置身祖国的大好河山之中。现在人们越来越依赖电子设备,帖子能够引起读者的共鸣。

2. 帖子中的相关链接直接指向长白山景区的详细介绍,你也会有好奇心:那里究竟有怎样的风景,值得我们放下手机,背上行囊去欣赏? 好奇心可能会促使读者有兴趣点击相关的介绍链接。

三、请给下面这篇博文取一个标题

杰克和露丝——爱的经典,爱的永恒。

任务七　会议记录

指点迷津——【说一说】

这则会议记录初步看是完整的,但我们细看就会发现,它缺少会议要点和记录人、主持人姓名,所以应在"参加人员"后面补上"会议要点:班级纪律大家管。"在结尾补上"主持人:班长×××"以及"记录人:×××"。

任务引领——【写一写】

任务一:

提纲一:

××公司办公会议记录

时间:××××年×月×日×时。
地点:公司办公楼五楼大会议室。
出席人:×××、×××、×××、×××。
缺席人:×××、×××、×××。
主持人:公司总经理。
记录人:办公室主任刘××。
主持人发言:(略)
与会者发言:×××……………………………
　　　　　　×××……………………………
散会

　　　　　　　　　　　　　　　　　　　主持人:×××(签名)
　　　　　　　　　　　　　　　　　　　记录人:×××(签名)

(本会议记录共×页)

提纲二:

（会议名称）
时间：
地点：
出席人：
缺席人：
主持人：
记录人：
会议发言记录：
主持人(签名)：　　　　　　　　　　　记录人(签名)：

任务二:
答案请参考"学写要点【想一想】"中的会议记录注意事项。

熟能生巧——【练一练】

一、填空题

1. 听记的；格式。

2. 时间；出席人；列席人；记录人；会议主题；散会；结束。

二、写作题

请仿照"任务引领【写一写】"答案中的"提纲一"或"提纲二"来写。

任务八　企业简讯

指点迷津——【说一说】

这则简讯主旨突出，信息含量较大，标题概括了简讯的主要内容，但选材并不精简，篇幅较长，内容过于详细，因而影响了读者对简讯的阅读。

任务引领——【写一写】

任务一：

民主评议政风、行风求实效

为增强服务企业、服务群众意识，提高行政效率和服务水平，改善优化投资服务环境，促进经济社会又快又好发展，×××街道根据市区纠风办要求，结合街道特点，采取了四项措施，即：①领导重视，明确责任。②自我加压，全面推进。③不走过场，形式多样。④客观公正、力求实效。这些措施保证了民主评议政风、行风工作效果。

8月7日上午，街道开展了面对面活动。近百名群众现场对上述部门进行了测评，满意、基本满意率达96%以上，该活动树立了政风、行风工作在人民群众中的形象，增强了居民对行政、行业的满意度，取得阶段性效果。

任务二：

上海市委：支持媒体，保护记者，保护举报者

上海市委领导27日主持召开专题会议，听取关于"福喜事件"查处情况的汇报。上海市委领导表示，在"福喜事件"中，媒体发挥了重要作用，要支持媒体，保护记者，保护举报者，这样的舆论监督是正能量。"在上海，不管什么企业，只要违法，都必须依法受到严惩。"

上海市委领导强调，食品安全问题全社会高度关注，"福喜事件"的查处过程必须准确、及时向社会公开。对任何违法行为，都必须依法严惩，政府监管部门只有真正做到依法、严格、严肃，才能体现公信力，更好地维护和保障广大人民群众的安全，让人民群众满意。

熟能生巧——【练一练】

> **中国人民保险集团参加"倾听心声　绿动中国"活动并获奖**
> 2013年12月16日,中国人民保险集团凭借2013年集团客户节"倾听心声绿动中国"活动案例获得"2013年度搜狐金赢销奖之最佳公益环保营销奖"奖项。

任务九　演讲稿

指点迷津——【说一说】

① 略。

② 这则竞选演说主旨突出、目的明确、内容翔实,尽显演说者的优势和"施政"才能,针对性强,令人心服口服。整篇演讲稿富有文采,诸如"资源共享"、"施政纲领"、"斯芬克斯之谜"、"文艺沙龙"等词语,或大词小用,或显示文艺本色;"过把瘾"暗用电视剧名,"不一样、不一样、就是不一样"乃妙移广告词;至于连用"精彩"、"多彩"、"喝彩",则更是异"彩"纷呈,很有艺术性,表现出竞选者"无可替代"的优势,且感情充沛,富有动情性和鼓动性。当然,如果开场白能注意和听众的感情交流,则更佳。

任务引领——【写一写】

任务一:
"海阔凭鱼跃,天高任鸟飞"。

任务二:
示例1:

> 各位领导:
> 早上好!首先感谢各位领导在百忙之中抽时间听我的竞职演讲。今天我竞聘的岗位是……

示例2:

> 尊敬的各位领导、各位同仁:
> 大家早上好!
> 在我来××工作的时间里,我深深感受到了××这个大家庭的温暖,看到了××的发展前景。在此,对连锁经营工作充满激情的我,渴望拥有一个能够更好展现自我的舞台。所以,我想竞聘……

任务三:

① 简单介绍自己胜任该职位的优势及特长;
② 分条较详细地阐述自己的"施政纲领"。如:一是在特色管理上,二是在员工管理上,三是在顾客管理上,四是在商品管理上,五是在商品损耗管理上等。

任务四:

综上所述,对连锁经营工作充满激情的我,对拥有一个能够更好展现自我的舞台的热情可见一斑。假如我这次因条件未达标没能竞聘成功,我将继续努力,在原有的工作岗位上一如既往地认真工作,最大限度地实现自我价值。假如大家信任我,能够给我这次机会,我将在新的岗位上勤勤恳恳工作,认认真真做事,清清白白做人,不辜负领导和同志们的希望和重托,将自己的每一份光和热都融入××的事业发展中去,脚踏实地干出一番事业。

最后,我希望,能用你们的信任和我的努力做支撑,共铸××连锁店的美好明天!

熟能生巧——【练一练】

1. 议论式;抒情式。
2. ① 标题直接揭示演讲内容,亮明观点。
② 开头用的是开门见山点题式;结尾是号召式和展望式。
③ 主体部分采用的是并列递进结合式。
④ 最打动人的是典型的材料、独特的分析、恰当的引用、精当的概述。
3. 方案一:

尊敬的各位领导、各位同仁:
　　大家好!
　　带着期盼、带着渴望,怀着敬意、怀着激情,我今天有幸走上了这个神圣的演讲台,放下了胆怯,鼓起勇气,用我平实、朴素的语言表达内心澎湃的激情和真实的情感。
　　我叫××,是一名刚刚毕业走上工作岗位、还在蹒跚学步的新人。从我怀着忐忑的心情步入××的第一天起,就不断得到领导的关心和同仁们的爱护,在这原本陌生的地方,我找到了家的感觉。所以,首先请允许我向尊敬的领导、热情的前辈们表达深深的谢意,感谢你们对我浓浓的厚爱。

方案二：

> 尊敬的各位领导、同仁：
> 　　大家好！
> 　　白马过隙，在这辞旧迎新的日子里，我们在期盼和喜悦中迎来了一年一度的公司年会。作为一个步入职场不久的新人，今天我能作为新员工代表踏上这神圣的演讲台，我感到非常荣幸。
> 　　回首过去的一年，大家都曾为公司的强大和发展付出了辛勤的汗水和心血。领导们身体力行，以身作则，指引着公司正确的发展方向。同事们兢兢业业，吃苦耐劳，默默奉献。大家上下团结一心，肝胆相照，铸就了××一个又一个的辉煌。当然，在这样一支优秀的团队中，我也成长了，进步了，在这里我要首先感谢公司给予我的这个平台和机会。
> 　　所以，今天我为大家演讲的题目是"怀揣感恩之心，共迎美好明天"。

4. 写作提示：
(1) 称呼。
(2) 问好。
(3) 正文。
① 开头：用诚挚的心情表达自己的谢意；简要介绍自己的基本情况；表明应聘目的。
② 主体：有所侧重地介绍自己应聘的基本条件及在原岗位的业绩；简要谈谈对新岗位的理解；谈谈以往的经验在新岗位上推广的有效性；谈谈在新岗位任职后的打算。
③ 结尾：表达自己对竞聘的信心；表明对竞聘成败的态度；希望得到评选者的支持。
(4) 结束语："谢谢大家！"
(5) 署名、日期。

下篇：职场进阶篇

【资深职业人应用模块】

任务十　述职报告

指点迷津——【说一说】

例文1：

这篇酒店营销部经理的述职报告突出的亮点是：对本岗位工作现状的分析很具体，有自己的观察和思考，对今后的工作也做了较为详尽的规划。

但作为一篇述职报告，对自己20××年在岗位上所做的具体工作、取得的主要成绩这一述职报告的主要内容——"猪肚"部分没有写，更多报告了自己对现状的分析和对未来的规划，没能很好地陈述自己在岗位上的所作所为，让听者不明就里，这也就失去了述职报告应起的作用,让领导无从考核,群众无法监督。

例文 2:

这是一集团公司总经理的述职报告。此述职报告主要存在以下问题:

1. 格式不规范:标题把总结和述职报告混在一起,可改为"述职报告"或"×××集团公司总经理述职报告";抬头的称呼不对,不应是领导个人,可改为"各位领导、各位同事";结尾没有落款,可在右下角添加"述职人:×××",另起一行在右下角写具体时间。

2. 履行职责的部分内容空洞,像是一篇八股文,过多谈认识、感受和想法,虚的内容过多,无实际内容的呈现,没有通过具体的事例和作为来体现自己在履职过程中所起到的作用。

可根据所列的各方面工作,把所做的具体工作、所解决的具体问题陈述出来,有理有据,这样才能让人看到你的工作实绩,体现出你的工作能力。

任务引领——【写一写】

任务一:

> 各位教代会代表:
>
> 　　在紧张与忙碌中,在沉重与轻盈间,20××年转瞬即逝。而这一年也是我校国家级示范性学校建设的重要一年,在教学处主任这一岗位上的我,深感肩负的责任之重大。回顾一年的工作,首先我最想说的就是感谢!感谢一路走来始终有各位的相扶相伴,让我有勇气和信心面对纷至沓来的繁复工作。在这一年中,我始终谨记自己的工作职责,在教学工作上求真务实,孜孜以求,同时不断开拓,积极进取,带领教学处的全体同仁较好地完成了本年度教学处的各项工作。现将本人20××年度工作情况述职如下,请各位代表审议。
>
> ……

任务二:

> 一、努力提高个人的思想和能力素养,进一步提升了工作效率。
> 二、加强教学的常规管理,使各项检查能够落到实处。
> 三、围绕教学中心工作,进一步推动了教学改革,提高了科研工作的质量。
> 四、不断推进教研组的内涵建设,以此促进了教师的专业成长。
> 五、认真做好迎接国家级示范性高中评估的各项准备工作。
> 六、重视并努力推进现代教育技术在教育教学中的广泛应用。
> 七、继续扩大开放,加强对外合作交流。
> 八、进一步改革创新,努力提升教职工队伍的素质。

熟能生巧——【练一练】

1. 标题;称谓;正文;落款。

2. ① 任职岗位、主要职责和任务、工作目标及完成情况四个方面。

② 述职人在结尾引用古人的话表明自己对今后工作的运筹帷幄，工作重点明确，目标清晰，同时又信心满满，让听其报名的人员对他今后的工作也充满信心和期待。

③ 述职人运用了今昔对比的手法，先将自己任职前区交通局存在的问题和严重程度进行简要说明，再回顾自己主持工作以来，针对存在的问题所采取的措施、所做的具体工作和取得的喜人成绩，使之形成鲜明的对比，充分展现了自己工作的卓有成效，有力地体现了自己的领导才能。

任务十一　调查报告

指点迷津——【说一说】

① 这则案例，调查对象清楚，调查内容针对性强，有数字，有分析，结论有对照性，具有提供专业建设基本意见的作用。

在背景分析部分，情况描述简洁，调查情况说明清楚。

在分析部分，有数据，有分析，为结论得出提供了依据。

在结论部分，从几个方面得出结论，为制定方案的人提供了明确的方向。

② 在背景部分，调查情况有些简单，一些要素没有写清楚，如：哪些单位接受了调查，单位的性质是什么。

修改为：在调查中对单位的资质进行了考察，14个不同行业的87家单位的人事、主管接受了调查。在这87家单位中，属于商贸性质的单位有25家，属于服务性质的单位有62家，单位规模超过100人的有54家。由此，我们有理由说，这次调查的广泛程度高，有说服力。

任务引领——【写一写】

任务一：
班级卫生小组关于"学生随手扔垃圾"情况的调查。

任务二：

> 目前，学校对学生的纪律、卫生等方面都有了切实的管理措施，但有些同学的卫生习惯还不尽如人意，影响到班级的环境整洁。针对这方面的情况，我们以小组的形式对扔垃圾这一小小的行为进行了调查。我们很认真地拟定了一些问题，在本班进行了调查。
>
> 我们小组利用午休时间对我班22人进行了调查，我们采取的是口头问答形式，调查中，我们发现有的同学是很认真的态度，而有的是满不在乎的态度，调查结果如下。

任务三：

> 有19人表明随手扔垃圾有失大雅，但有3人表明随手扔垃圾无失大雅；有6人表明会随手扔垃圾，有9人表明不会随手扔垃圾，有7人表明不太确定，要按情况来定。

有20人表明随手扔垃圾能反映一个人的修养,还有2人表明随手扔垃圾不能够反映一个人的修养。

在调查中我们看到,19人表明随手扔垃圾有失大雅,9人不会随手扔垃圾,他们秉持着利人利己的思想,有相当好的文明性及纪律性,知道如何保护周边环境,使我们生活在一个舒适整洁的美丽大家庭中,是每一个同学的义务。他们代表了同学们的道德主流。

但我们也看到3人认为即便随手扔垃圾也丝毫无失大雅,这反映了一部分同学环境意识的薄弱,要引起老师和同学们的关注,可对这一部分同学进行必要的环境教育和道德意识教育。

我们发现有7人在回答"是否随意乱扔垃圾"时认为不确定,由情况来定,这是因为客观的因素导致其行为的不同。从这一点上,我们看到学生们行为的随意性和不固定性以及一定的从众心态。我们认为,老师要对这一心态进行关注,它所占的比例不小。

我们认为同学们的环境意识还不够强,偶尔也会随手乱扔垃圾,这个行为能够反映一个人的道德。很多同学认识到乱扔垃圾是不雅的,但他们仍无法遵守这一日常行为规范。大多数的同学是因为看到周围的人到处扔垃圾,自己也受影响了。

我们呼吁,保持环境文明、心灵文明是每一个人道德修养的体现,也是每一个人毕生的责任!让我们从现在做起,从我做起,不要随手扔垃圾。

建议:根据自己所在班级,设计一个小问题进行调查,练习调查报告的写法。

熟能生巧——【练一练】

1. 对某一件事,某一个情况,某一经验或问题经过细致实地的调查,将调查到的全部情况和材料进行科学分析,总结出经验,揭示出本质,按照规范式结构要求写出报告。

2. 系统分析法、比较分析法、演绎分析法、案例分析法、定性与定量分析结合法。

3. ①用事实说话,用数据说话。②要有调查的真实对象、真实内容,不能虚拟数据。③要有调查的结论。不能有数据,没结论,不管结论怎样,都要呈现出来。

4. 用事实说话。

5. 写作提示:写出调查原因,设计出迟到的几个原因,在全班进行调查,整理数据,进行分析,得出一个结论。

6. 写作提示:方法同上。

任务十二 意向书

指点迷津——【说一说】

① 意向书行文中应多用商量的语气,第九条、第十条中"必须"、"不得"、"否则"用词不妥;
② 意向书不同于合同,不需要加违约责任。

任务引领——【写一写】

任务一:
合资兴建华易食品加工厂意向书。

任务二：

上海华能贸易公司(以下简称甲方)与常州本易食品厂(以下简称乙方)于2015年8月7日和9月8日，先后两次在江苏常州福临宾馆就合资兴建食品加工厂的有关事宜进行了友好磋商，达成以下合作意向。

任务三：

1. 双方愿以合资形式兴办食品加工厂，暂定名为×××食品加工厂。

2. 加工厂利润及亏损按双方投资比例分配或承担。

3. 未尽事宜，双方在今后协商补充。甲乙双方在完成合资办厂的准备工作后，约定时间进行磋商，签订正式协议。

任务四：

> 本意向书一式两份，作为备忘录，各执一份备查。
>
> 甲方：上海华能贸易公司(印)　　　　乙方：常州本易食品厂(印)
>
> 法定代表：(签章)　　　　　　　　　　法定代表：(签章)
>
> 20××年9月8日　　　　　　　　　　20××年9月8日

熟能生巧——【练一练】

一、填空题

1. 合作意愿。

2. 平和；商量；拟；暂定。

二、问答题

1. 条款形式。

2. 这份意向书正文部分依次写了联营综合服务公司的经营项目、双方的职责、双方投资比例、公司的性质和经济形式、组建筹建小组等条款，内容比较原则化，协商的色彩比较多，语言平和，体现了意向书协商性、意向性、临时性的特点。

任务十三　策划书

指点迷津——【说一说】

① **会投资**。因为这个领域确实很有诱惑力，目前看来鱼龙混杂，没有真正的领军品牌，就国内而言，有很大的前景。**不会投资**。因为国内的动漫形象设计一般，受众群少，购买力弱。国外(尤其是日本)的动漫周边产品由一些固定的品牌商开发。

② 找到了市场营销点，有自己的想法在里面，但是市场分析欠妥。

③ 针对不同类型的动漫产品、受众群体以及国籍都应该再做详尽分析，从而真正找到确切的市场营销点。

任务引领——【写一写】

任务一：

> ××是某市汽车工业总公司旗下的一款汽车品牌，于20××年10月推出。该品牌下的汽车技术来源于德国。20××年10月12日，该公司正式对外宣布，其自主品牌定名为××，××品牌在4年时间里发展迅速，其产品已经覆盖中级车与中高级车市场，"科技化"已经成为××汽车的品牌标签，××品牌口号为"品位、科技、实现"。

任务二：

> 1. 目标客户年龄层。综合本案情况，目标客户的年龄应在25~45岁之间，该年龄层的群体基本具备了一定的经济基础，有稳定收入，时尚、优秀、年轻、自信，敢于追求成功而又注重家庭和生活享受。
>
> 2. 目标客户群收入情况。中高级轿车作为奢侈消费商品，其高价位的特性决定了消费群的收入水平要高。一般要求自有现金在20万元以上，家庭月收入在20000元以上。
>
> 中国消费者在购买车时，在对汽车不了解的情况下，多数会选择跟随主流品牌。当然，性价比也是重要的一方面。××汽车的配置在中档车中可算是豪华了，而且有着大气的外表。要想在市场中获得一定的突破，短时间内可以通过漫天铺盖的媒体进行宣传；要成为经典，真正靠的是质量，还有良好的售后服务。

任务三：

> 一、20××年中国汽车市场的发展概况。
> 二、所在城市20××年汽车销售市场的走势分析以及发展特点。
> 三、关于××汽车，解析××汽车。
> 四、关于这款车型的情况介绍和特色分析。
> 五、这款车的销售背景。
> 六、这款车的目标受众定位及市场前景分析。
> 七、这款车与竞争对手相比较的优势及劣势所在。
> 八、这款车在开拓汽车市场、广告营销、市场销售、价格政策、产品质量等方面的营销策划。
> 九、后注及其他。

熟能生巧——【练一练】

1. 写作提示：

一、前言
　　主要点明×××凉茶的历史、植物饮料的特点，罗列本次策划书主要从哪几个方面分析问题，试图解决什么问题。
二、目录
（一）环境分析
1. 企业市场营销环境中的宏观制约因素。
2. 市场营销环境中的微观制约因素。
3. 市场概况。
4. 营销环境分析总结。
（二）消费者分析
1. 消费者的总体消费态势。
2. 现有消费者分析。
3. 潜在消费者分析。
4. 消费者分析的总结。
（三）产品分析
1. 产品特征分析。
2. 产品生命周期分析。
3. 产品的品牌形象分析。
4. 产品定位分析。
5. 产品分析的总结。
（四）企业和竞争对手的竞争状况分析
1. 企业在竞争中的地位。
2. 企业的竞争对手。
3. 企业与竞争对手的比较。
（五）企业与竞争对手的广告分析
1. 企业和竞争对手以往广告活动的概况。
2. 企业和竞争对手以往广告的目标市场策略。
3. 企业和竞争对手的产品定位策略。
4. 企业和竞争对手以往的广告诉求策略。
5. 企业和竞争对手以往的广告表现策略。
6. 企业和竞争对手以往的广告媒介策略。
7. 广告效果。
8. 总结。

2. 写作提示

> ### "×××××"主题活动
> 1. 目的。
> 通过活动,得到年轻人的认可,加深他们对品牌的关注度,逐步占有年轻人的市场。
> 2. 主题由来。
> 由×××凉茶的广告语衍生而来,"年轻不怕火,还得×××",这是为了年轻人能加入到活动中,享受快乐,获得他们的认同。
> 3. 线上分享(上传欢乐瞬间)、线下体验(年轻就要唱、我跳我快乐),引起关注。
> 4. 具体活动。
> (1)"上传欢乐瞬间"微博、微信造势宣传。
> (2)"属于我的×××凉茶"。
> (3)"年轻就要唱"活动宣传方案。
> (4)"我跳我快乐"活动宣传方案。
> 5. 活动排期。
> 6. 媒介选择(网络、广播、户外)。
> 7. 经费预算。

任务十四 合同

指点迷津——【说一说】

提示:
1. 缺少标题,应写上"房屋租赁合同"。
2. 第一条应指明具体房间号码。
3. 第二条"2"应改成"贰",并写上起讫时间。
4. 第三条租金金额应大写,并写清付款方式。
5. 第四条应加上:保证乙方正常使用,且修缮费用由甲方负责。
6. 结尾应补上双方单位名称并加盖公章,双方代表签字,以及双方单位地址、电话、开户银行及银行账号。

任务引领——【写一写】

任务一:
"买卖合同"。
任务二:

> 立合同双方:
> 买方:上海中博进出口有限公司(以下简称甲方)

卖方:山西华夏果品饮料公司(以下简称乙方)

为了明确甲、乙双方的权利和义务,经双方充分协商,订立本合同,以便双方共同遵守。

任务三:

1. 标的:××100%苹果汁。
2. 数量与质量:1000 瓶,以国家饮料标准为质量标准。
3. 价款:每瓶价格为 10 元(人民币),合计总金额为壹万元整。货款于交货日(以收货单为准)后 10 日内由甲方以银行转账方式向乙方结清。
4. 履行期限、地点和方式:由乙方于 20××年 10 月 26 日前向甲方一次性交货(运费由乙方承担),货物由乙方运送至甲方华泾仓库。
5. 违约责任:如因自然灾害等不可抗力因素造成不能如期交货的,乙方应提前通知甲方,如乙方无故拖延交货日期或所提交的货物不符合规定标准,甲方有权拒绝收货,并要求乙方赔偿总货款 20%的违约金。如甲方收到货物后 10 日内未将货款结清,需赔偿乙方总货款 20%的违约金。
6. 解决合同纠纷的仲裁方式:由双方协商解决。
7. 本合同一式两份,由甲、乙双方各执一份。

任务四:

1. 产品外包装以甲方(上海中博进出口有限公司)给定样本为准,每瓶 500 ml,每 10 瓶为一个包装单元,合计 100 个包装单元。
2. 包装箱费用及运费由乙方(华夏果品饮料公司)负担。

任务五:

甲方:上海中博进出口有限公司(章)　　乙方:山西华夏果品饮料公司(章)
法人代表:＿＿＿＿＿＿　　　　　　　　法人代表:＿＿＿＿＿＿
地址:中山路 100 号　　　　　　　　　　地址:桥西街 28 号
电话:6130××××　　　　　　　　　　电话:6441××××
法定代表人:＿＿＿＿＿＿签字　　　　　法定代表人:＿＿＿＿＿＿签字
开户银行:建设银行上海分行　　　　　　开户银行:工商银行山西分行
账号:575896-×××　　　　　　　　　　账号:798135-×××

二〇××年十月六日

熟能生巧——【练一练】

一、填空题

1. 自然人;法人;其他组织;权利义务。

2. 自愿订立合同;合同规定的义务。

3. 表格式;条款式。

4. 国家的政策法令;按经济规律办事。

5. 加盖印章。

二、简答题

1. 合同依法成立,它保护合同当事人的合法权益,维护社会经济秩序,促进社会主义现代化建设。

2. 合同正文必备条款包括:①标的(指货物、劳务、工程项目等);②数量与质量;③价款或酬金;④履行的期限、地点和方式;⑤违约责任;⑥解决合同纠纷的仲裁方式;⑦合同的有效期限、份数和保存方法、附则等。

三、问答题

1. 买卖。

2. 综合。

3. D。

4. 违约责任;第七条和第八条中间。

5. B、D。

【专业进阶模块】

任务十五　欢迎(送)词

指点迷津——【说一说】

例文1:

欢迎词最好要提及"接待社",这不仅能起宣传作用,还有一层功能是表明旅行是由组织(如"东方旅行社")接待的,让客人更有安全感和信任感。从写的角度说,开篇应突出客人的特殊;而相聚的地点,可以用"中国最大的城市"来突出上海的特点。我们进一步锤炼,还可发现,原稿"你们"用得稍嫌多了点,使导游与游客的距离感增大。此外,断句也存在一些需要改进的地方。

例文2:

欢送词可以加上"回顾旅游活动",使之更加耐人寻味。"人无完人,金无足赤",自己检查自己服务的不足,勇于面对,比刻意回避要好得多。即便是服务比较到位,也可以用简短的话,更严格地要求自己,而不是自己猜想,甚至自作多情。上海的历史积淀深厚,绝不可能是一两次游览就可以一览无余的,作为东道主,这方面可再下点工夫,欢送词要让客人有意犹未尽之感。

任务引领——【写一写】

任务一(欢迎词):

各位游客朋友们,首先我代表我们东辉旅行社欢迎大家来到上海观光游览!我呢是你们本次上海之行的导游,我姓乔,名××,大家可以叫我乔导或小乔。我担任导游5年,非常热爱这项工作。在我身后的呢,就是我们的司机朱师傅了,朱师傅是个好车手,有5年的驾龄,一路上,我们将由他为我们把握方向。上海是个海纳百川的城市,都市景观气象万千,现代风貌引人入胜。我们希望能够在旅程中尽我们的诚意和最大的努力来做好导游工作,希望能够给大家留下美好印象。同时也祝愿大家旅途愉快、顺利!

任务二(欢送词):

各位游客朋友们,在这两天之中我们游览了美丽的黄浦江……我们本次的上海之行就要和大家说再见了。我非常感谢各位对我工作的支持和配合,旅程中我们如有做得不周到的地方,还请各位多多包容。大家的热情给我留下了深刻的印象。我知道××市和上海一样有许多著名的旅游景点,希望到时候大家有机会当我的导游,带我感受××市的美丽风光噢!有首歌叫做《祝福》——"若有缘,有缘期待明天,你和我重逢在灿烂的季节"。在这里呢,我想把祝福送给大家,有缘再次相会,我们将提供更好的服务!

熟能生巧——【练一练】

一、填空题

1. 游客;欢送词;基础;事倍;沟通;回忆。
2. 简洁;准确;情;情;谦逊。

二、写作题

1. 参考例文

各位日本朋友,大家好,一路上辛苦啦!我是来自上海旅行社的一名导游,我代表我们上海旅行社欢迎大家,在新年里到上海来做客!我叫卫××,大家可以叫我小卫或者是卫导。在我身后的这位呢是司机王师傅,从业十多年了,与我的默契与日俱增哦。大家对上海不太了解吗?没关系,这次一定能带点收获回去。我知道日本有现代化的、热闹的国际大都市东京,而上海也是个繁华、美丽的城市,有着"中国第一大城市"的美称。更主要的是,上海和东京一样,有着自己独特的文化。当然,我相信在这几天的假期中大家能很快找到中日两国之间的相似点,有更多的了解。现在呢,正处新年,大家要保管好自己的物品。人潮是非常拥挤的,要注意安全哦。在此,祝大家新年快乐,旅途愉快!

2. 参考例文

> 各位游客朋友,在这两天之中我们游览了美丽的黄浦江……我们的行程就到此结束了。以前大家在故乡看到的是浪漫的巴黎,这两天我们游玩了有"东方巴黎"之称的美丽上海,我希望这次不一般的旅程能给大家带来欢乐。非常有缘分,我们一起度过了这两天。此时此刻,我想用三个"源"来表达我的心情。第一个是缘分的缘,中国有句话"百年修得同船渡",今天我们"百年修得同车行"。第二个是源头的源,我相信这次旅程是我们友谊的开始。最后一个就是原谅的原,我自问我是个有责任心的人,但是在这次旅程中,还是有很多方面做得不到位,尽管如此大家还是给予支持和原谅,我很感谢。虽然我不是最好的导游,但大家却是我见过的最好的游客。虽然舍不得,但还是要说再见。下次大家来上海玩,一定要找我哦。如果我去法国了,还希望大家做我的导游。愿大家以后身体健康,工作顺利,阖家幸福!

3. 欢迎词修改为:

> 大家好!我代表东辉旅行社的全体员工向大家致以最热烈的欢迎!我姓唐,名××,大家可以叫我小唐,也可以叫我唐导。在我的旁边呢,是我们的严师傅,不要看他年纪轻轻,其实,已经有5年的驾龄了,完全可以保障大家的安全。
> 听说,大家都来自文化遗产丰富的宁夏回族自治区。在我的印象中,回族是一个能歌善舞的民族。每年的"花儿会"更是我最想亲眼目睹的。如果有机会的话,我一定要去拜访。
> 因为这次我们将要游览的景点比较多,又恰逢节假日,人流量也比较大,所以请大家保管好随身的物品,注意安全,以免造成损失及影响日后的行程。我的手机号是136××××××××,请大家记一下。最后,希望大家玩得开心,满载而归!

欢送词修改为:

> 各位朋友,在这两天之中我们游览了美丽的黄浦江……我们的上海之行到这也就全部结束了。虽然很不舍,但还是不得不说再见。中国有句古语:"百年修得同船渡。"我们能够在茫茫人海中相遇,那就是一种缘分。在这两天的行程中,我还有做得很不足的地方。感谢大家不但理解了我,还十分支持和配合我的工作。也许我并不是最好的导游,但大家却是我见过最好的游客!能与最好的游客同车而行并度过这难忘的两天,是我导游生涯中最大的收获。是大家让我见识了回族人民特有的淳朴和温情。如果有机会的话,我一定要到贵地体验风土人情,感受你们回族的人文情怀。

"相见时难别亦难",分离的时候就要到了。希望此次大家在与家人分享这段旅途中的趣事之时,不要忘记在后面加上一句:<u>在上海我认识了一个叫小唐的朋友</u>! 我也衷心祝愿大家身体健康、事业顺利、全家幸福!

最后,我以一首歌来表达我内心无法用言语描绘出来的感情……

任务十六　祝词

指点迷津——【说一说】

第一,格式有问题。称谓"各位朋友,各位来宾"应该顶格写。

第二,用词欠考虑。说话一方提到自己时,应多用谦词,而提到对方时,则多用敬词。如果是校长发言,可用"参观学习";但如果是酒店方来发言,就宜用"考察访问"了。

第三,不够热情,缺少起码的实质性内容。酒店方应表现出主人的好客与大方。这里既然提到了"友谊"、"合作",那肯定不是空泛的内容,所以应该写具体。如:"二十多年以来,××职业技术学校以培养出品德优良、技术过硬的一届又一届的毕业生而饮誉浦江两岸,同时也为我们锦江大酒店输入了一批又一批的优秀实习生,其中有不少人还成了我们各级岗位上的骨干,为我们锦江大酒店的发展壮大贡献了力量。饮水思源,在这里,我谨代表锦江大酒店,对于各位朋友的到来表示热烈欢迎!""××校长和酒店管理专业师生代表此次锦江之行,给我们留下了极其深刻的印象……"

下面是修改稿,仅供参考:

在欢迎××职业技术学校代表团晚宴上的祝酒词

尊敬的××校长,尊敬的××职业技术学校师生,各位朋友,各位来宾:

晚上好! 很高兴××职业技术学校××校长带领酒店管理专业部分师生来本酒店考察访问。今晚,我们能够相聚在这里,感到很高兴。我谨代表锦江大酒店,对于各位朋友表示热烈欢迎!

二十多年以来,××职业技术学校以培养出品德优良、技术过硬的一届又一届的毕业生而饮誉浦江两岸,同时也为我们锦江大酒店输入了一批又一批的优秀实习生,其中有不少人还成了我们各级岗位上的骨干,为我们锦江大酒店的发展壮大贡献了力量。饮水思源,在这里,我谨代表锦江大酒店,对于各位朋友的到来表示感谢!

××校长和酒店管理专业师生代表此次锦江之行,给我们留下了极其深刻的印象,你们虚心好学,表现出一流的职业素养,也给我们锦江大酒店全体员工上了难得的一课。各位来我们这里考察访问,增进了我们双方的进一步了解,加深了我们之间的友谊。"潮落江平未有风,扁舟共济与君同。"愿在今后的日子里,我们双方共同行动,为促进双方长期以来的友好合作而努力!

最后,请大家在这个愉快的夜晚共同举杯,为××职业技术学校来本酒店考察访问的圆满、成功、愉快而干杯!

×××

20××年3月23日

任务引领——【写一写】

以下是一位同学写的祝寿词(有改动),我们将它列出来供大家参考:

在郭老师60华诞聚会上的祝寿词

尊敬的郭老师,各位亲友、各位来宾、各位同学:

  大家好!

  又是个万物欢腾的季节,在公元2015年×月×日这个美好的日子里,我们欢聚一堂,在这里为我们最尊敬的郭老师举行六十大寿仪式。在这里,请允许我谨代表所有的同学祝愿待我们如儿女一般的郭老师福如东海、寿比南山!

  岁月已然将郭老师的两鬓染上了白霜。我们的郭老师,在过去60年之中,经历了许多风风雨雨:1975年参加教师工作,40年来兢兢业业,率先垂范,曾被评为省级优秀班主任,其著作颇丰,有《职校生心理健康教育》《成功之路》等,共计150万字,1998年被评为高级教师,更是培育了一代又一代的有志青年,为祖国输送了一批又一批的栋梁之材!

  让我们一起恭祝郭老师松鹤长春,青春不老,欢乐幸福,身体健康! 同时也祝愿在场每一位来宾都幸福安康,万事如意!

学生×××

2015年×月×日

熟能生巧——【练一练】

一、填空题

1. 祝福;表达;增进。

2. 祝辞;祝酒词。

3. 必厌;情;手段。

二、选择题

1. D。

2. B。

3. C。

4. A。

5. A。

三、写作题

下面是一位同学撰写的一篇习作,仅供参考(有改动):

> **在母亲 50 大寿庆典上的祝寿词**
>
> 尊敬的各位来宾、各位亲朋好友：
> 　　你们好！岁月如梭。今天我们欢聚一堂，为我尊敬的母亲庆祝 50 大寿。
> 　　在这里，我首先代表各位亲朋好友向我的母亲献上最真挚的祝福，祝您福如东海，寿比南山，健康如意，笑口常开，益寿延年！
> 　　风风雨雨五十年，阅尽人间沧桑。我的母亲是个质朴的农村妇女，没有什么文化基础，但她却很照顾我们几个孩子，总省着好吃的东西给我们吃。母亲很开明，从不因为成绩不好而责备我们，特别是在我中考不顺的时候，是母亲的鼓励让我走出了困境。她更为我们千里迢迢背井离乡去打工，忍受一切不公平的待遇。年轻的我们有时会抱怨她，但她从不计较，一如既往地疼爱我们、鼓励我们。她用她的教育方式教育我们做人不应该怨天尤人，而应勤劳致富。这一切，我们看在眼里，记在心里，我们会努力让父母有个幸福的晚年，扛起我们应负的责任。
> 　　在此，我也代表全家老少感谢在座的各位来宾出席我母亲的 50 大寿宴会，也祝在座的各位来宾阖家欢乐，健康如意，工作顺利，万事如意！
> 　　谢谢大家！
>
> 　　　　　　　　　　　　　　　　　　　　　　　　　　　　　　儿　×××
> 　　　　　　　　　　　　　　　　　　　　　　　　　　　　20××年 6 月 25 日

四、评析题

1. 元旦贺词（或：元旦祝词）。
2. 学习进步。
3. 过去的一年，既是我校不平凡的一年，又是收获颇多的一年。（原句主语残缺）
4. "人"的定语是：对未来抱有希望，满怀信心，对明天有憧憬，有向往，刻苦认真，脚踏实地的。

当然，在前进的路上还有不少困难，但在我看来困难是难不倒对未来抱有希望的人、满怀信心的人、对明天有憧憬的人、有向往的人、刻苦认真的人、脚踏实地的人的。

五、问答题

1. 在××职业技术学校第十届团代会开幕式上的贺词。
2. 不符合。改为：在此，我谨代表区团委向此次大会召开表示热烈的祝贺！
3. 不合适。①"团委"指代不明，不知是"区团委"还是"校团委"。②"给予我们指导和帮助"显然与说话者的身份不符。说话者应该是上级团委（区团委）的领导，而不是该校学生，建议删去。
4. 大家。

任务十七　产品解说词

指点迷津——【说一说】

例文 1：

产品说明书与产品解说词，二者是交叉关系。因为，二者的说明对象都是产品，表达方式又同是以说明为主,其主体部分必然重合。

产品说明书的内容要宽泛一些,包括型号、规格、成分、产地、构造、用途、使用方法、维修和保养方面的注意事项,还有联系方式等。另外,如果是食品和药品,还必须有生产日期和保质期等。而产品解说词,则侧重产品的主要性能或特点,目的是给人以总体印象。

例文 2:

产品解说词的关注点在于让人们了解产品,而广告的关注点在于刺激人们的消费。说得直白一点,产品解说词重在说明;广告重在让消费者购买。

任务引领——【写一写】

陕西辣椒粉

产于关中地区的辣椒(秦椒)得天时地利之便,靠科学培植之工,以质量之优、辣味之纯,赢得了"椒王"的美誉。有一首民谣这样写:"八百里秦川东风浩荡,三千万儿女齐唱秦腔。吃碗油泼面喜气洋洋,没油泼辣子嘟嘟囔囔。"生动形象地反映了陕西人对辣椒的钟爱之情。油泼辣子已成为陕西一大名产,被誉为"中国一绝"。

熟能生巧——【练一练】

一、填空题

1. 产品解说词。
2. 说明。
3. 产品;文字;取舍。
4. 要点;适当;准确。

二、评析题

1. 不恰当。产品解说词以介绍清楚明白为宗旨,而不以刺激消费者为能事。"今年二十,明年十八"这类语句,最多只能用于广告。
2. 不恰当。有效日期只跟产品个体有关系,用于产品的说明书上。
3. 恰当。产品解说词中,可根据需要运用直接引用和间接引用,以达到增强说服力的目的。
4. 不恰当。"8000 年"超出了历史文献记载范围,最多只是"传说"。
5. 不恰当。这是广告吸引眼球的典型用语。

三、写作题

五粮液

五粮液酒产于四川宜宾。它历史悠久,工艺精湛,发酵池老(最老的达 600 年),发酵期长,以优质高粱、大米、糯米、小麦、玉米五种粮食精心配制而成。它以"香气悠久,味醇厚,入口甘美,入喉净爽,各味谐调,恰到好处"的独特风格驰名中外,在大曲酒中以"酒味全面"而著称。

任务十八　餐巾折花解说词

指点迷津——【说一说】

例文1：

这段文字本身没错，但只能说是从专业角度介绍，也只限于与同伴交流，而不适用于向客人介绍。因为这段文字侧重于解说折花作品的技法。

例文2：

① 这段文字存在几个问题。首先，语言不够严谨。企鹅到底生活在什么地方？是不是就在南极？其次，对象没把握好，作者没有意识到，解说词的介绍对象应是客人。

② 可以改为"企鹅漫步"，这样的标题更为传神，也更有趣味。

任务引领——【写一写】

风中的矢车菊

矢车菊的故乡在欧洲，山坡、田野、水畔、路边、房前屋后，到处都有它的踪迹。色彩清丽、气息芬芳、造型大方、生命力顽强是它的特点。我们愿各位客人生活精彩、青春常在！

熟能生巧——【练一练】

一、填空题

1. 解释说明；文字。
2. 文化；美。
3. 构想；联想；简洁。
4. 准确；喜庆；主题；内涵。

二、修改题

1. "和平鸽"解说词：

和平鸽是预示平安的好征兆。和平鸽是和平、友谊、团结、圣洁的象征，国际和平年的徽标就是用稻穗围绕着双手放飞一只鸽子的图案。我们祝愿这圣洁、吉祥的和平鸽能给珍惜和平、热爱生活的各位带来幸福和安康！

2. "心心相印"解说词：

"相思树上双栖翼，连理枝头并蒂花。"（宋·石孝友《鹧鸪天》）两朵同时绽放的月季花寓意着志同道合、情投意合、心领神会。我们祝愿两颗相爱的心融合在一起，交相辉映，共同绽放。

三、探索题
略。

任务十九　导游介绍词

指点迷津——【说一说】

例文1：
它主要存在以下问题：

第一，语言不够准确。18世纪就成书的名著，怎么能说只"痴迷了几代人"？显然，忽视了文学和历史常识。

第二，句子杂糅。"《红楼梦》中描绘了一座'衔山抱水建来精，天上人间诸具备'的大观园可谓人间盛景"，这其中的谓语，到底是"描绘"，还是后面的"可谓"呢？

第三，介绍缺乏气势。介绍要点面结合，不仅要有具体的细节，还要提纲挈领，给人以完整的印象。像大观园到底有多大（"西部"占地135亩，建筑面积8000多平米……），在建筑界的地位（国家建筑"鲁班奖"，上海市"十佳休闲新景点"……）等，都未能提及。

第四，错别字要改正。如"众说纷芸地"应改为"众说纷纭的"。

例文2：
主要的问题如下：

第一，选材陈旧。作者说虹桥机场"拥有跑道和滑行道各一条"，显然引用的是旧材料。早在2010年上海世博会之前，虹桥机场的第二跑道、第二航站楼等就正式启用了。又如，说"和平饭店是上海最繁华的宾馆"，这恐怕又是异想天开了。

第二，条理不清晰。一讲目的地，二讲虹桥机场，三讲天气之类，四讲上海简称，五讲气候，六讲历史，七讲延安东路高架、延安东路隧道，突然一下子又回到延安西路——讲解那旁边"手指的方向"的上海戏剧学院……总之，缺乏逻辑性。

第三，缺少必要的交代。末尾直接甩出和平饭店是"远东第一楼"，而没有解说任何其他楼的特色，让人有丈二和尚摸不着头脑的感觉。

第四，语句不明确。"处于春节中的上海，一直都是非常忙碌的。虽然雨天还是非常密的，但不失热闹。"前面讲的好像是交通，而后面像是在讲天气，那么，"密"又是形容什么呢？什么"不失热闹"？都不得而知。

此外，一些细节在写作的时候也不要忽视。比如，"上海博物馆"怎么可能是"四个字"呢？

任务引领——【写一写】

本题参考答案见熟能生巧——【练一练】第二题阅读材料。这篇习作侧重于讲解外滩的发展与改造，当然，也可以从其他方面来讲解。

熟能生巧——【练一练】

一、填空题
1. 话或者文字；自然；人文。
2. 见到美；发现。

3. 点面；准确；有条；通畅。
二、问答题
1. 地理位置。

> 今天,我们将要去的是上海的外滩游览区。外滩游览区位于上海市的母亲河黄浦江和苏州河的交汇处,它北起外白渡桥,南至延安东路中山东一路。整个地形呈新月形,弧长为1300米。在东面是黄浦江和隔江相望的浦东东方明珠游览区,西面则是几条各具特色的马路,比如南京路、福州路等。

2. 有的认为是由英文"Bund"或"The Bund"翻译过来的,在上海开埠后就有了"外滩"的叫法;有的认为"外滩"和"Bund"之间并不存在互译关系,而是近代上海城市经济、政治、社会格局演变的产物,即由"夷"、"洋"之称演变而来。

任务二十　广播词

指点迷津——【说一说】

① 格式上主要存在以下问题：
- 标题应该居中。
- 飞机广播词的称呼不能称"各位旅客",而应遵循国际礼仪称呼"女士们、先生们",且问候语"你们好"要另起一行放在正文前面。
- 结束语"谢谢"要在正文下面一行空两格写,而且也不需要落款和日期。

② 语言表述上的问题主要有：
- 正文里的"你"要改为敬语"您",表示对乘客的尊重。
- 飞机上的厕所不能直接称之为厕所,而要用文明用语"洗手间"。
- 飞机广播词一般是一事一报,不能一个广播说两件事,飞机颠簸广播就说颠簸的事情,不要再说提供餐饮服务,而且也不能说"等颠簸完了"这样不可预知的话。

任务引领——【写一写】

任务一：

> **飞机颠簸广播词**
>
> 女士们、先生们：
> 　　你们好！我们的飞机现在正遇有轻度颠簸,为了您的安全,请您回原位坐好,系好安全带,并请暂时不要使用洗手间。在此期间,我们将暂停客舱服务,由此给您带来的不便,敬请谅解！
> 　　谢谢！

任务二：

地铁故障晚点广播

乘客们：

请注意，开往浦东国际机场方向的列车因设备故障将晚点20分钟左右到达本站。有急事的乘客请换乘其他交通工具，给您的出行带来不便，敬请谅解，多谢配合。

熟能生巧——【练一练】

一、填空题
1. 飞机欢迎词广播　2. 飞行距离　3. 飞行时间　4. 安全带　5. 小桌板　6. 吸烟

二、判断题
1. ×　2. ×　3. √　4. √　5. ×

三、写作题

客舱餐饮广播

女士们、先生们：

我们即将为您提供餐食（点心餐）、茶水、咖啡和饮料服务，欢迎您选用。需要用餐的旅客，请您将小桌板放下。为了方便其他旅客，在供餐期间，请您将座椅靠背调整到正常位置。

谢谢！